T0312758

GUÍA DE EXPLORADORES DE LA BIBLIA

1,000 DATOS Y FOTOS FASCINANTES

PERSONAS Y LUGARES

Vida

La misión de Editorial Vida es ser la compañía líder en satisfacer las necesidades de las personas con recursos cuyo contenido glorifique al Señor Jesucristo y promueva principios bíblicos.

GUÍA DE EXPLORADORES DE LA BIBLIA PERSONAS Y LUGARES
Edición en español publicada por
Editorial Vida – 2020
Nashville, Tennessee

Editora en Jefe: *Graciela Lelli*
Escrita por: *Nancy I. Sanders*
Director de Arte: *Ron Huizinga*
Traducción: *Juan Carlos Martín Cobano*
Adaptación del diseño al español: *Setelee*

ISBN: 978-0-82976-983-8

CATEGORÍA: Religión / Referencias Bíblicas

IMPRESO EN COREA
PRINTED IN KOREA

20 21 22 23 24 Imago 9 8 7 6 5 4 3 2 1

EL ASOMBROSO CONTENIDO

◀ *p.7*

p.31 ▼

▲ *p.38*

▲ *p.62*

◀ *p.77*

EL MUNDO ANTIGUO

Al principio del libro de Génesis, Dios crea los cielos y la tierra, el firmamento, el agua, las plantas y los animales, y los seres humanos.

▼ *La vida humana en la Biblia comienza en el Creciente Fértil. Es una región de Oriente Medio donde floreció gran parte de la civilización y el progreso humano. Muchos creen que aquí es donde Adán y Eva vivieron en el jardín, donde Noé construyó su arca y donde Dios le prometió a Abraham que sería el padre de muchas naciones.*

▼ *Las gentes que vivían en esta región adoraban a muchos dioses. A menudo, cada ciudad estado tenía sus propios dioses relacionados con el sol, la luna, las cosechas, la fertilidad y el clima.*

▶ *Los primeros escritos y muestras artísticas de Ur son de la Edad de Bronce temprana (hacia el 3000 A.C.).*

▲ *Este zigurat es parte de los restos de Ur. Los expertos creen que la torre de Babel pudo tener este aspecto.*

LA TORRE DE BABEL

La torre de Babel mencionada en el libro de Génesis se construyó cerca de una importante ciudad cercana a la actual Bagdad, Irak.

LA PATRIA DE ABRAHAM: UR

Abraham nació, se crio y se casó en la ciudad de Ur. Esta se encontraría justo al otro lado del río de la actual ciudad de Nasiriyah, Irak. Ur es una de las ciudades más antiguas descubiertas por los arqueólogos. Se estima que tiene 6.500 años de antigüedad.

ADÁN Y EVA

Adán y Eva son las primeras personas mencionadas en la Biblia. Dios creó los cielos y la tierra. Luego creó un hermoso jardín y lo llenó de animales. Entonces formó a Adán a partir del polvo y le dio vida.

Sabiendo que Adán se sentiría solo, Dios lo hizo caer en un sueño profundo, tomó una costilla de su costado y creó a Eva.

Adán y Eva vivían en el bello jardín. Tenían todo lo que necesitaban. Lo único que no tenían era el permiso de Dios para comer de un árbol muy especial: el árbol del conocimiento del bien y del mal.

Una serpiente convenció a Eva para comer el fruto del árbol prohibido. Era tan sabroso que lo compartió con Adán. Rompieron la única regla de Dios y eso le rompió el corazón. Los envió lejos del Edén para siempre.

Incluso entonces, Dios amaba y cuidaba a Adán y Eva. Hasta les hizo ropas con pieles de animales para protegerlos del mundo más allá del jardín del Edén.

◄ *Eva fue formada a partir de una de las costillas de Adán.*

PALABRA(S) CLAVE

Los nombres en la Biblia tienen significados especiales. Adán, del hebreo *adam*, significa «hombre». También es un juego de palabras con el hebreo *adamah*, que significa «tierra». *Eva* es un juego de palabras con «vivir». *Edén* significa «paraíso». ¿Sabías que Adán no mencionó el nombre de Eva hasta que salieron del jardín? Al principio la llamó «mujer» (*'ishah*) porque fue sacada del hombre (*'ish*).

¿Lo sabías?

La Biblia no dice que la fruta que Adán y Eva comieron fuera una manzana. Las manzanas no son propias de esa parte del mundo. En los cuadros, a menudo se muestra como una manzana, una granada o un albaricoque.

¡UNA PISTA!

¿Por qué Dios puso a Adán en el jardín del Edén?

– Lee: Génesis 2.15 –

«Dios el SEÑOR tomó al hombre y lo puso en el jardín del Edén para que lo cultivara y lo cuidara».

UNA COSA MÁS

El término «manzana de Adán» se refiere a un bulto inofensivo en el cuello formado por el ángulo del cartílago protector que rodea la laringe. Parece como si se tuviera un trozo de manzana atrapado en la garganta. Los hombres son más propensos a la manzana de Adán (o nuez) que las mujeres.

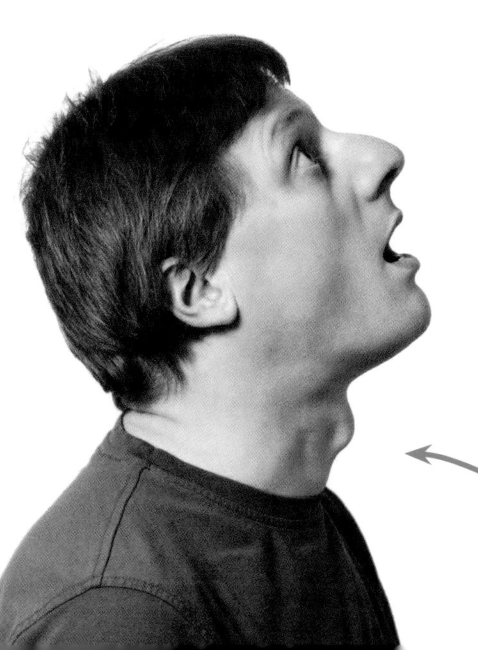

CAÍN Y ABEL (Y EL OTRO HERMANO)

Después de dejar el Edén, Adán y Eva formaron una familia. El primogénito, Caín, cultivaba la tierra mientras que Abel, el segundo hijo, cuidaba las ovejas de la familia.

Un día, los hijos hicieron una ofrenda a Dios. Caín le trajo al Señor unas frutas y Abel trajo una oveja. Dios aprobó el regalo de Abel, pero no el de Caín. Esto hizo enojar a Caín. Dios le advirtió que tuviera cuidado y que no dejara que su ira se apoderara de él. Caín escuchó la advertencia de Dios, pero la ignoró. Atrajo a Abel a un campo y, lleno de celos y rabia, mató a su hermano.

Dios no mató a Caín, lo envió lejos del único hogar que había conocido. Para proteger a Caín en el desierto, Dios le «puso una marca». Vagó hasta acabar en la tierra de Nod, al este del Edén.

Más tarde, Adán y Eva tuvieron otro hijo, Set. Se le describe como «a imagen» y «semejanza» de su padre. Set llegó a ser el hijo a través del cual discurre el linaje familiar hasta Noé.

PALABRA(S) CLAVE

Nod, donde Caín vivió al principio tras ser desterrado, procede de la palabra hebrea para «inquieto» o «errante».

¡UNA PISTA!

¿Qué le dijo Caín a Dios cuando Dios le preguntó dónde estaba su hermano?

– Lee: Génesis 4.9 –

«No lo sé —respondió—. ¿Acaso soy yo el que debe cuidar a mi hermano?».

¿Lo sabías?

Los expertos debaten sobre cuál podría haber sido la «marca de Caín». ¿Una marca real, como un tatuaje? ¿Un defecto que hacía que la gente se apartara de él? ¿Una enfermedad de la piel, como la lepra o forúnculos? ¿Un cuerno? El erudito judío del siglo II, Abba Arikha (175-245 A.D.) incluso sugirió que la marca se refería a un perro que Dios le dio a Caín para protegerlo.

UNA COSA MÁS

Según el libro de Génesis, el primer hijo de Caín se llamaba Enoc. Caín construyó una ciudad y le puso el nombre de su hijo primogénito. No podemos estar seguros de dónde se encontraba.

◀ *Si Caín tuvo un perro de compañía, pudo haber sido un perro de Canaán, una raza que ha vivido en Oriente Medio por miles de años.*

NOÉ

Noé era descendiente de Set, el tercer hijo de Adán y Eva. Noé tenía una esposa y tres hijos. Siguió los caminos de Dios cuando la mayoría de la gente se había vuelto malvada.

Dios estaba triste por lo que su amado pueblo estaba haciendo. Decidió limpiar la tierra y empezar de cero. Pero Dios vio la bondad de Noé, quien «anduvo fielmente con Dios» (Génesis 6.9). Dios eligió a Noé para construir un arca. Le dio instrucciones específicas sobre cómo construirla. Dios le dijo que reuniera una pareja de todas las criaturas de la tierra y las pusiera en el arca junto con toda la comida que necesitaran.

Después de que Noé y su tripulación estuvieron a salvo a bordo, llovió por cuarenta días y cuarenta noches, inundando la tierra. Pasó casi un año antes de que las aguas bajaran lo suficiente como para que el arca se asentara de nuevo en tierra firme. Entonces Dios puso un arcoíris en el cielo. Era una señal de su promesa de no volver a destruir la tierra de esa manera.

¡UNA PISTA!

¿Cómo supo Noé que las aguas iban a bajar y que pronto aparecería la tierra?

– Lee: Génesis 8.11 –

«Caía la noche cuando la paloma regresó, trayendo en su pico una ramita de olivo recién cortada. Así Noé se dio cuenta de que las aguas habían bajado hasta dejar la tierra al descubierto».

PALABRA(S) CLAVE

El nombre de Noé es un juego de palabras y significa «alivio», «comodidad» y «descanso». Seguramente tuvo que practicar mucho para consolar a su familia y a las criaturas del arca, pero no es probable que haya descansado mucho.

UNA COSA MÁS

Hay historias de inundaciones en otras tradiciones de Oriente Medio. Una de las más antiguas se escribió en la tablilla del diluvio de la epopeya babilónica de Gilgamesh.

▼ *Parte de la epopeya de Gilgamesh, una historia babilónica de un diluvio.*

¿Lo sabías?

El arcoíris es en realidad un círculo completo. La mitad inferior la oculta la tierra.

ABRAHAM Y SARA

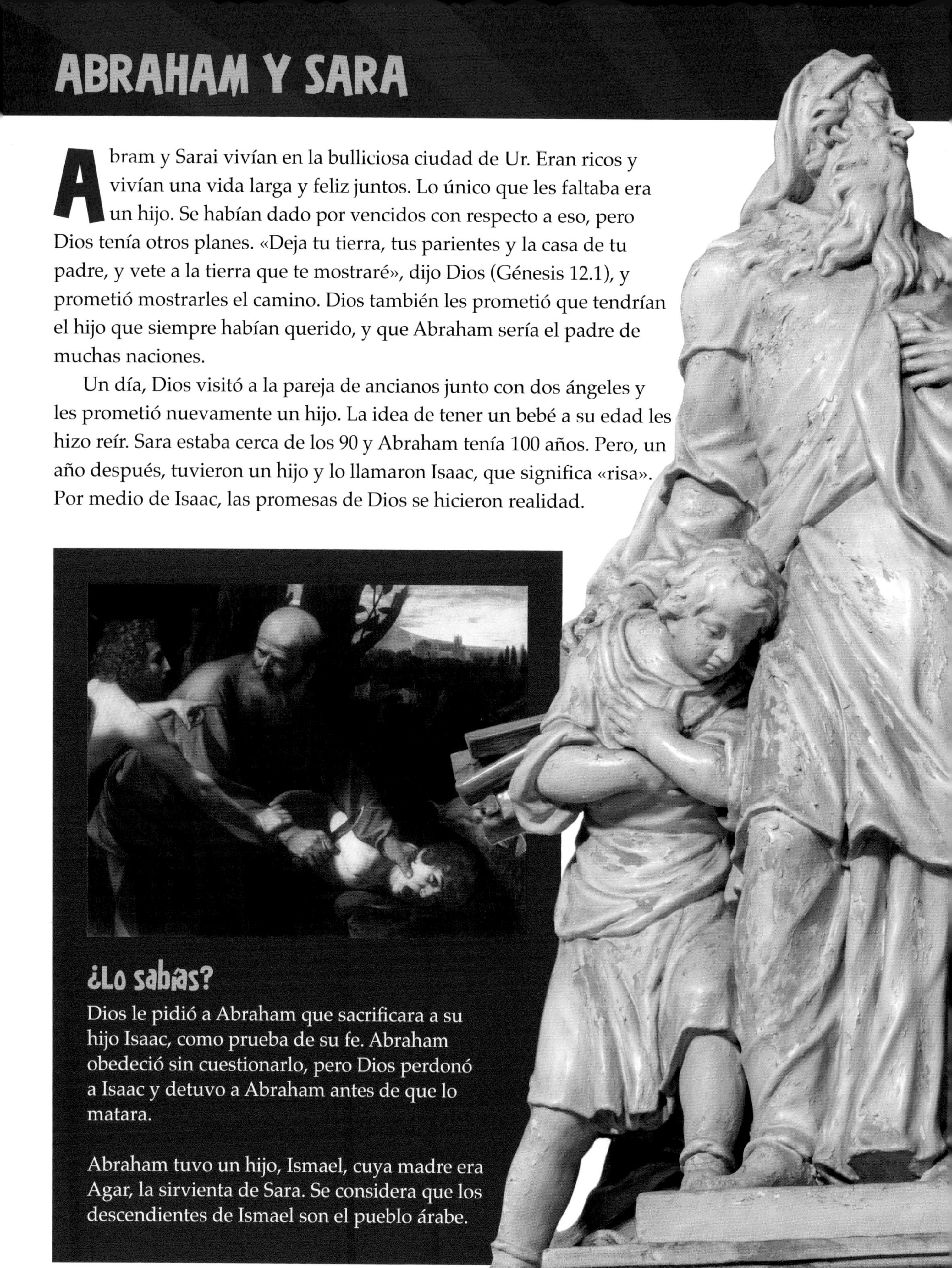

Abram y Sarai vivían en la bulliciosa ciudad de Ur. Eran ricos y vivían una vida larga y feliz juntos. Lo único que les faltaba era un hijo. Se habían dado por vencidos con respecto a eso, pero Dios tenía otros planes. «Deja tu tierra, tus parientes y la casa de tu padre, y vete a la tierra que te mostraré», dijo Dios (Génesis 12.1), y prometió mostrarles el camino. Dios también les prometió que tendrían el hijo que siempre habían querido, y que Abraham sería el padre de muchas naciones.

Un día, Dios visitó a la pareja de ancianos junto con dos ángeles y les prometió nuevamente un hijo. La idea de tener un bebé a su edad les hizo reír. Sara estaba cerca de los 90 y Abraham tenía 100 años. Pero, un año después, tuvieron un hijo y lo llamaron Isaac, que significa «risa». Por medio de Isaac, las promesas de Dios se hicieron realidad.

¿Lo sabías?

Dios le pidió a Abraham que sacrificara a su hijo Isaac, como prueba de su fe. Abraham obedeció sin cuestionarlo, pero Dios perdonó a Isaac y detuvo a Abraham antes de que lo matara.

Abraham tuvo un hijo, Ismael, cuya madre era Agar, la sirvienta de Sara. Se considera que los descendientes de Ismael son el pueblo árabe.

¡UNA PISTA!

¿Qué dijo Jesús sobre Abraham?

– Lee: Juan 8.56 –

«Abraham, el padre de ustedes, se regocijó al pensar que vería mi día; y lo vio y se alegró».

▸ Los descendientes de Abraham vivieron en la tierra de Canaán.

▾ Abraham y su familia viajaron de Ur a Canaán.

PALABRA(S) CLAVE

Dios cambió los nombres de Abram y Sarai por Abraham («padre de multitudes») y Sara («princesa») antes de que naciera Isaac.

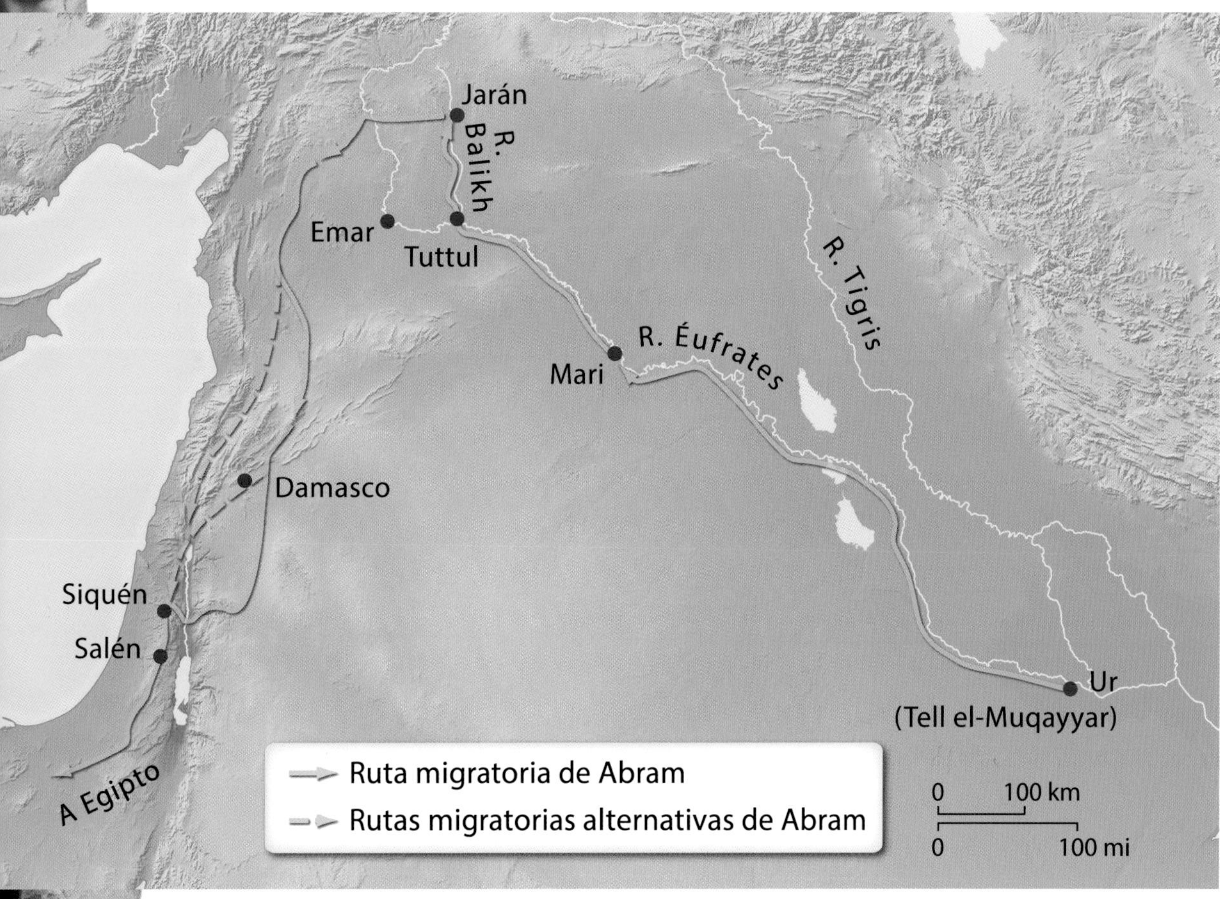

JACOB Y ESAÚ

Isaac, hijo de Abraham y Sara, se casó con Rebeca, que dio a luz a dos hijos gemelos, Esaú y Jacob. Desde el principio, Isaac favoreció a Esaú y Rebeca favoreció a Jacob. Esaú se convirtió en un hábil cazador, mientras que Jacob prefería quedarse cerca de casa.

Como primogénito, Esaú debería haber heredado todas las propiedades de Isaac. Pero Jacob engañó a Esaú para que renunciara a sus derechos de primogénito. Luego, Rebeca ayudó a Jacob a engañar a Isaac para que le diera la bendición del primogénito a Jacob. Esaú juró vengarse de Jacob.

▲ *Jacob recibiendo de Isaac la bendición de primogénito.*

Los dos hermanos crecieron, se casaron y tuvieron familia. Después de muchos años, Jacob le envió a Esaú la noticia de que quería reunirse con él. Esaú se encontró con Jacob y lo perdonó, para sorpresa y alegría de Jacob.

Los doce hijos de Jacob constituyeron las doce tribus de Israel.

¡UNA PISTA!

Esaú le cambió su primogenitura a Jacob por una comida. ¿Cuá era?

– Lee: Génesis 25.34 –

«Jacob, por su parte, le dio a Esaú pan y guiso de lentejas».

▶ *Las lentejas son de la familia de las legumbres y, al igual que los frijoles y los guisantes, crecen en vainas.*

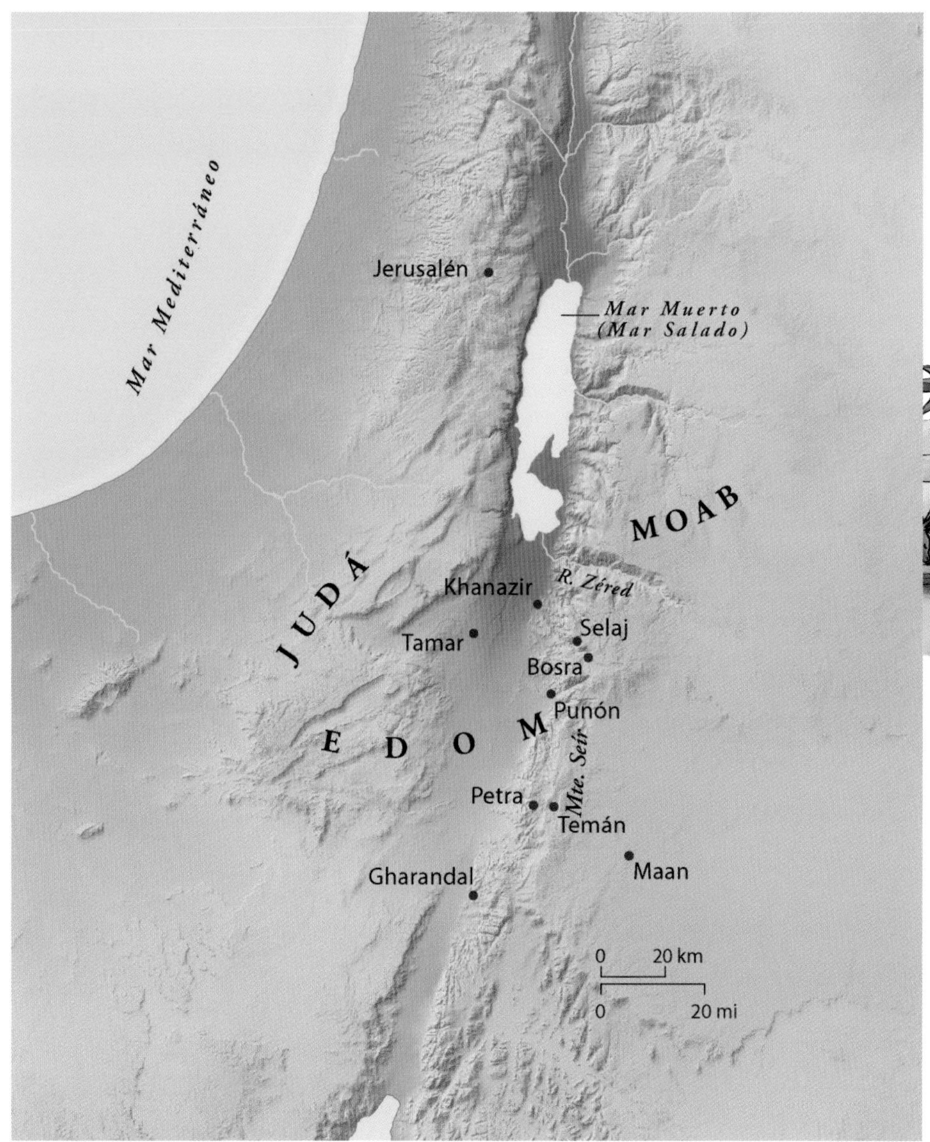

UNA COSA MÁS

Los descendientes de Esaú eran los edomitas, que vivían al sur del mar Muerto.

¿Lo sabías?

En los tiempos bíblicos, el hijo primogénito solía heredar la mayor parte de la riqueza familiar, incluyendo las tierras de cultivo, los animales y la vivienda familiar.

PALABRA(S) CLAVE

La Biblia dice que Jacob y Esaú eran muy movidos incluso en el vientre. Cuando Esaú vino al mundo, Jacob le agarró el talón. El nombre *Jacob* significa «talón» o «uno que reemplaza».

▶ *En Génesis 38 encontramos a otro par de gemelos. Sus nombres eran Fares y Zerá.*

EGIPTO

Durante mucho tiempo, se consideraba que Egipto eran dos territorios completamente diferentes. El nenúfar era el símbolo de la región alta y la planta de papiro simbolizaba la región baja. Los israelitas de la época de José se establecieron en el Bajo Egipto.

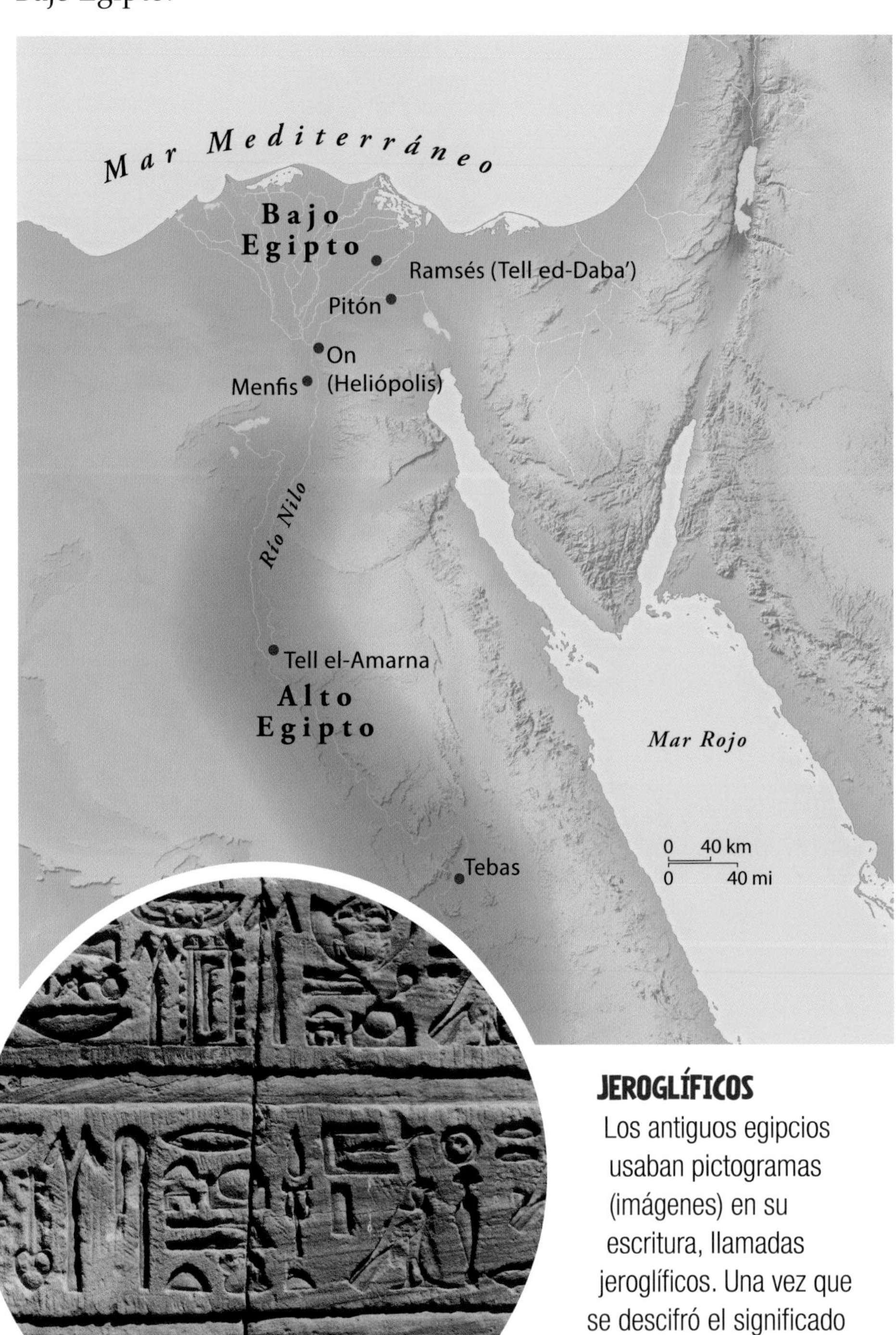

JEROGLÍFICOS

Los antiguos egipcios usaban pictogramas (imágenes) en su escritura, llamadas jeroglíficos. Una vez que se descifró el significado de los jeroglíficos, los expertos pudieron leer muchos de los relieves hallados en las tumbas y templos de todo Egipto.

TESORO ENTERRADO

Los antiguos egipcios construyeron muchas tumbas para enterrar a los faraones y a otras personas de alto rango. Enterrados con ellos había máscaras mortuorias bañadas en oro, instrumentos musicales antiguos, comida, sirvientes y otros tesoros.

RUINAS

Los antiguos egipcios apreciaban sus monumentos. La mayoría de las ruinas que se han hallado sepultadas bajo la arena de Egipto son templos y tumbas.

▲ *La pirámide de Djoser es un ejemplo de pirámide escalonada y se cree que fue construida en el siglo XXVII A.C.*

▲ *Las pirámides más conocidas de Egipto son las tres que se encuentran en Guiza. Estas pirámides ya llevaban ahí unos mil años cuando Abraham fue a Egipto por primera vez.*

EL RÍO NILO

El único río de Egipto es también el más largo del mundo. El Nilo se desborda cada año, dando a la tierra que lo rodea suelo fresco y fértil durante ciertos períodos de tiempo. En el libro de Éxodo, el Nilo es el río donde el bebé Moisés fue colocado por su madre, con la esperanza de que alguien lo rescatara, para salvar su vida del faraón que quería matar a todos los bebés israelitas.

JOSÉ (Y SUS HERMANOS)

José era el undécimo de los doce hijos de Jacob. Era el primogénito de Raquel, la esposa favorita de Jacob. Según la Biblia, el padre de José lo amaba más que a sus otros hijos, lo que hizo que muchos de sus hermanos lo odiaran. Los hermanos se dispusieron a matarlo. Rubén, el mayor, convenció a los demás para que le perdonaran la vida a José. Le quitaron sus ropas y lo arrojaron a un pozo vacío. Más tarde lo vendieron por veinte piezas de plata a una caravana de mercaderes que iba a Egipto.

Después de algunos problemas en Egipto, José se convirtió en un oficial de confianza a cargo de almacenar alimentos para todo Egipto. Cuando llegó la hambruna, a los egipcios les iba bien. Sin embargo, en Canaán, la familia de José se quedó sin alimentos. Viajaron a Egipto para pedir comida. José los conoció al instante, pero ellos no lo reconocieron a él. Una vez que sus hermanos demostraron merecerlo, José les dijo quién era. Los perdonó y dijo que Dios lo había llevado a Egipto para salvarlos. El faraón se ofreció a dar a la familia de José un lugar seguro para vivir, y trajeron a todos, incluido su padre, Jacob, para que se establecieran en Egipto.

◀ *El padre de José le dio una túnica especial. Este tipo de prenda es de adorno y no sirve para trabajar. A veces se la llama «túnica de muchos colores». Cuando los hermanos de José lo vendieron como esclavo, empaparon su túnica con sangre de cabra y le dijeron a su padre que una fiera había atacado a José.*

¡UNA PISTA!

¿Qué le pidió Jacob a José que le prometiera para cuando muriese?

– Lee: Génesis 47.29b–30 –

«¡Por favor, no me entierres en Egipto! Cuando vaya a descansar junto a mis antepasados, sácame de Egipto y entiérrame en el sepulcro de ellos».

▼ *La tradición dice que Jacob está enterrado en la Tumba de los Patriarcas.*

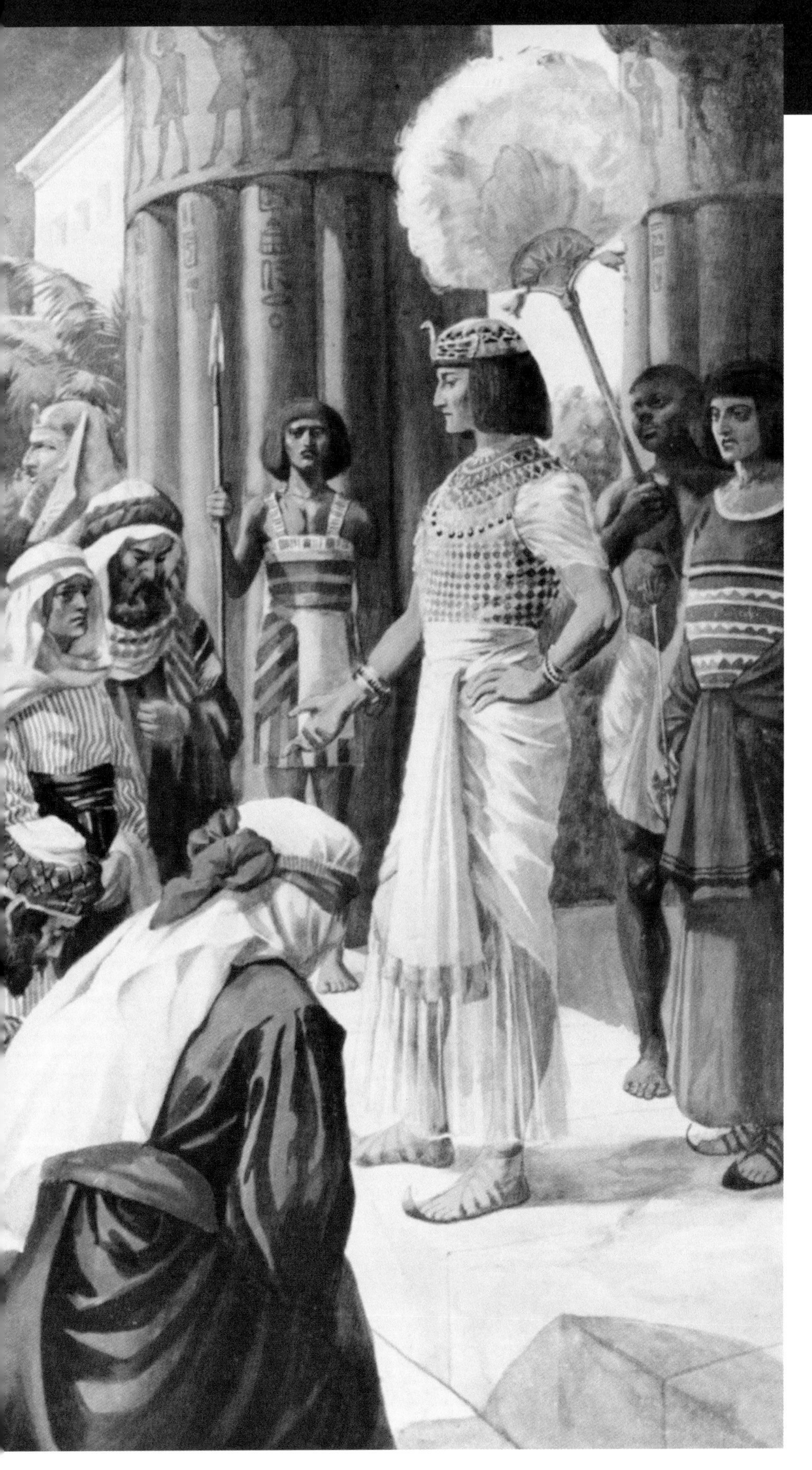

¿Lo sabías?

José tuvo algunos sueños especiales. En uno de ellos, él y sus hermanos están atando el grano en el campo. Las gavillas de los hermanos se inclinan ante la de José. En otro sueño, el sol, la luna y las estrellas se inclinan ante José. Por eso sus hermanos estaban resentidos con él. Daban por sentado que se creía mejor que ellos.

PALABRA(S) CLAVE

Después de explicarle al faraón algunos de sus sueños, este le puso a José el nombre de *Zafnat-paanea*. Muchos eruditos han debatido sobre el significado de este nombre: desde «revelador de secretos» hasta «preservador del mundo», pasando por «el dios habla [y] vive».

MOISÉS

Los descendientes de José y sus hermanos vivieron en Egipto durante cuatrocientos años. Los hebreos crecieron en número, y los egipcios los forzaron a ser esclavos. Para detener el crecimiento de la población hebrea, se anunció que el faraón quería que todos los bebés varones fueran asesinados.

En ese tiempo, una pareja hebrea dio a luz a su tercer hijo, un varón. Para salvarlo, su madre lo puso en el río Nilo en una canasta. Una princesa lo rescató y lo adoptó, llamándolo Moisés.

Aunque a Moisés lo crio la hija del faraón, él conocía su conexión con el pueblo hebreo. Dios escuchó el clamor del pueblo por ayuda y eligió a Moisés para sacarlos de la esclavitud y llevarlos a la libertad en la tierra que una vez había sido suya. Como no quería perder a sus esclavos, el faraón les prohibió salir de Egipto. Dios envió diez plagas terribles, pero nada hizo cambiar de idea al faraón. Hasta que llegó la última plaga, que resultó en la muerte de todos los primogénitos de Egipto, incluyendo el propio hijo del faraón. El faraón dejó ir al pueblo hebreo, pero, después de que huyeron, cambió de opinión. Envió sus ejércitos tras ellos. Dios separó el mar Rojo para que los israelitas pudieran cruzarlo, pero los soldados del faraón se ahogaron mientras los seguían.

Moisés y el pueblo tardaron cuarenta años en llegar a la tierra prometida, Canaán. Moisés murió justo antes de que llegaran, pero Dios le permitió verla desde la cima de una montaña antes de su muerte.

¿Lo sabías?

Moisés fue la única persona a la que se le permitió ver el rostro de Dios. Esto sucedió cuando Dios se reunió con él en la cumbre del monte Sinaí para darle los Diez Mandamientos. Los mandamientos eran leyes para el pueblo durante su travesía por el desierto y para su pueblo hasta hoy.

PALABRA(S) CLAVE

Éxodo viene de una palabra griega que significa «salida» o «la salida». La historia de Moisés y el viaje desde Egipto se encuentran en Éxodo, el segundo libro de la Biblia.

UNA COSA MÁS

Dios guio al pueblo a través del desierto en una nube durante el día y en una columna de fuego por la noche. Y Dios se le apareció a Moisés como una zarza ardiente. Las apariciones de Dios se conocen como teofanías.

▼ *Algunas tradiciones dicen que José está enterrado cerca de la antigua Siquén.*

¡UNA PISTA!

¿Qué se aseguró Moisés de llevar consigo cuando el pueblo salió de Egipto?

– Lee: Éxodo 13.19 –

«Moisés se llevó consigo los restos de José, según este se lo había pedido a los israelitas bajo juramento. Estas habían sido las palabras de José: "Pueden contar ustedes con que Dios vendrá en su ayuda. Cuando eso suceda, llévense de aquí mis restos"»

AARÓN Y MIRIAM

Moisés tenía una hermana y un hermano, Miriam y Aarón. Aunque fue Moisés quien dirigió el éxodo para liberar a los israelitas de Egipto, Miriam y Aarón también jugaron papeles importantes en la historia.

Después del nacimiento de Moisés, cuando su madre lo escondió en una canasta en el río Nilo, Miriam convenció a la princesa para que (sin saberlo) contratara a su madre para amamantar al bebé.

Moisés no estaba seguro de liderar al pueblo porque tenía problemas en el habla. Dios le encargó a Aarón ser el portavoz de Moisés. Los dos hermanos trabajaban principalmente en equipo.

Más tarde, Aarón llegó a ser el primer sumo sacerdote de Israel, responsable de organizar y presentar las ofrendas a Dios. Los hijos de Aarón se convirtieron en los sacerdotes, como la tribu a la que pertenecía la familia, la tribu de los levitas.

Tanto Aarón como Miriam cometieron errores. Se enfrentaron a Moisés por su matrimonio con una mujer extranjera. Esto hizo enojar a Dios, y Miriam, por un tiempo, sufrió de lepra. Cuando los israelitas dejaron de esperar que Moisés regresara de un encuentro que tuvo con Dios, Aarón hizo un becerro de oro para que lo adoraran.

PALABRA(S) CLAVE

Cada año, como acto de adoración, Aarón escogía dos machos cabríos. Uno era sacrificado y el otro, el *chivo expiatorio*, se enviaba al desierto cargando simbólicamente con los pecados del pueblo. El término *chivo expiatorio* se sigue usando hoy en día para referirse a alguien que asume la culpa de otra persona.

◀ *En 1990, los arqueólogos encontraron un becerro de plata en Ashkelon. Este aporta una importante evidencia de cómo era la adoración de la gente de esta región.*

¡UNA PISTA!

¿Cuál fue el primer milagro que Dios le dijo a Aarón que hiciera?

– Lee: Éxodo 7.9 –

«... que tome la vara y la arroje al suelo ante el faraón. Así la vara se convertirá en serpiente».

UNA COSA MÁS

El toro se utiliza a menudo como símbolo de fuerza. En los tiempos del éxodo, el toro (o becerro) también estaba relacionado con numerosos dioses paganos. El becerro de oro, hecho partir de las joyas y pertenencias de oro del pueblo, era una señal de que el pueblo se estaba alejando de Dios.

¿Lo sabías?

Después de que los ejércitos del faraón se ahogaran en el mar Rojo mientras perseguían a los israelitas, Miriam, considerada profetisa, dirigió a las mujeres en una canción sobre la grandeza de Dios. Algunos versos de la canción de Miriam forman parte del salmo 107, y se compusieron originalmente para ser cantados.

JOSUÉ Y RAJAB

Josué, hijo de Nun, sirvió como líder militar bajo Moisés. Fue el único al que se le permitió ir con Moisés a la cumbre del monte Sinaí cuando Dios grabó los Diez Mandamientos en las tablas de piedra. Josué se quedó en una tienda y no hablaba con Dios.

Al acercarse a la tierra prometida, Dios le ordenó a Moisés que nombrara a Josué como su sucesor. Cuando llegó el momento de cruzar a la tierra prometida, Josué les abrió el camino.

Josué envió dos espías a Jericó por delante del resto del ejército, una gran ciudad amurallada cerca del río Jordán. Una mujer llamada Rajab escondió a los espías y luego los ayudó a escapar. Al igual que otros de Jericó, había oído historias de cómo los israelitas escaparon de Egipto. Rajab eligió creer en el Dios de ellos. Pidió a los espías que, cuando regresaran para atacar la ciudad de Jericó, la perdonaran a ella y a su familia.

Dios le dijo a Josué que hiciera marchar a los ejércitos alrededor de la ciudad por seis días. El séptimo día, a la orden de Josué, los sacerdotes tocaron siete trompetas. Los israelitas gritaron con fuerza y las murallas de Jericó se derrumbaron. Mataron a todos los de Jericó, excepto a Rajab y a su familia.

Antes de morir, Josué repartió la tierra entre todas las tribus de Israel, como les había prometido Dios desde los tiempos de Abraham.

PALABRA(S) CLAVE

Moisés cambió el nombre de *Oseas*, que significa «salvación», por *Josué* (Yehoshu'a), nombre que significa «el Señor salva» o «el Señor da la victoria».
Curiosamente, el nombre *Jesús* (Yeshu'a) tiene la misma raíz que *Josué*, pero con influencias griegas y arameas.

▲ *Representación artística de Jericó en la época de su conquista.*

UNA COSA MÁS

Las trompetas (shofar) que usaron los israelitas en Jericó estaban hechas de cuernos de carnero. Como las trompetas modernas, los sonidos y el tono se controlaban con los labios, dientes, lengua y músculos faciales.

¿Lo sabías?

Rajab se casó con un israelita, Salmón, y tuvieron un hijo, Booz. Su tataranieto, David, se convertiría un día en un poderoso rey de Israel. Jesús nacería de la genealogía de David.

¡UNA PISTA!

¿Cómo supo el ejército israelita dónde encontrar a Rajab y su familia cuando llegó para destruir Jericó?

– Lee: Josué 2.17–18 –

«Los hombres le dijeron a Rajab:
—Quedaremos libres del juramento que te hemos hecho si, cuando conquistemos la tierra, no vemos este cordón rojo atado a la ventana por la que nos bajas».

ISRAEL

El antiguo Israel abarca parte de la tierra prometida a Abraham y sus descendientes. Es parte de la tierra de Canaán que Josué repartió entre las doce tribus de Israel. Antes de que los israelitas emigraran a Canaán, se les prometió una tierra donde fluía leche y miel. Hasta el día de hoy, Israel tiene diversos cultivos, aunque las condiciones son a veces duras.

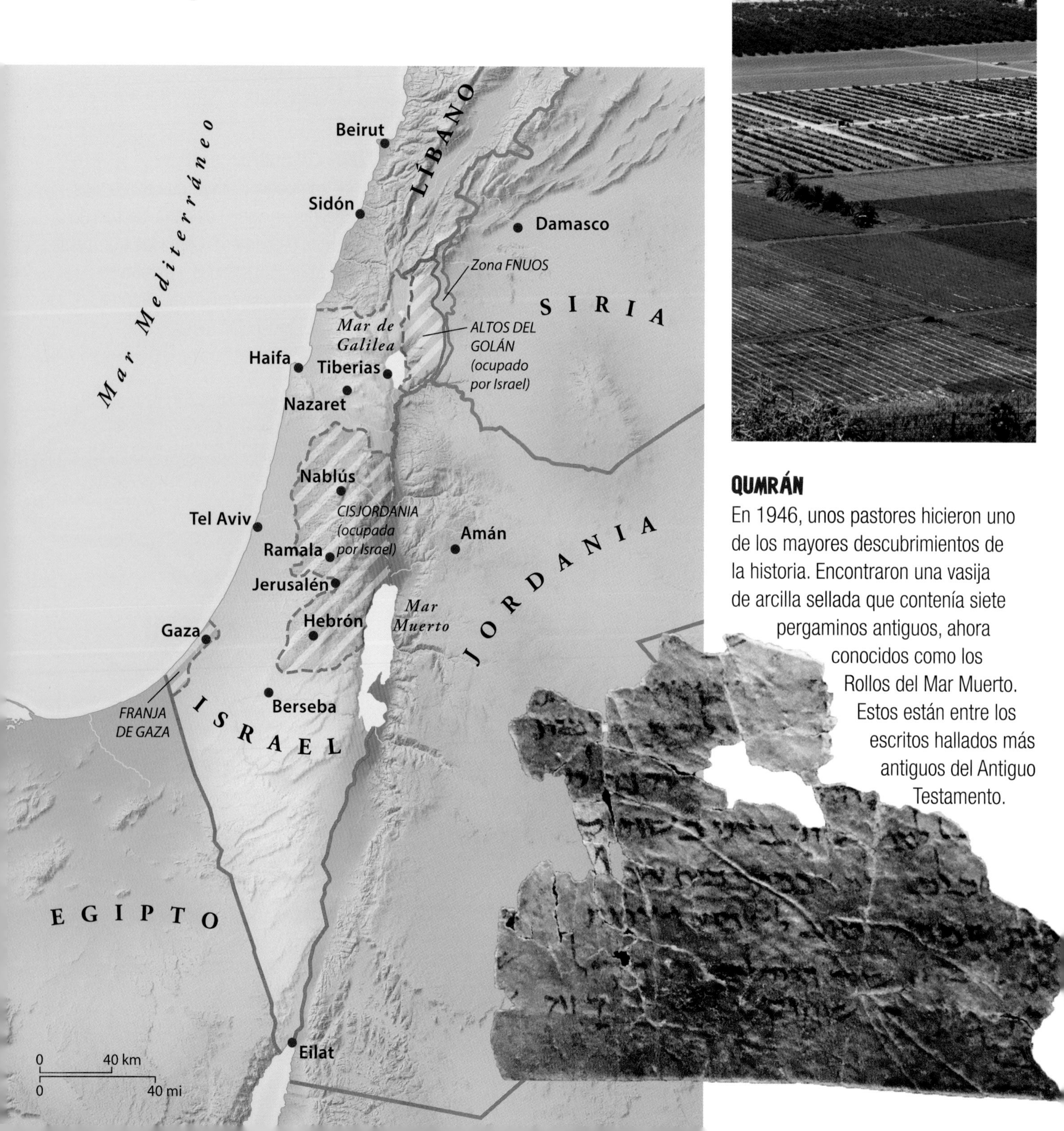

QUMRÁN

En 1946, unos pastores hicieron uno de los mayores descubrimientos de la historia. Encontraron una vasija de arcilla sellada que contenía siete pergaminos antiguos, ahora conocidos como los Rollos del Mar Muerto. Estos están entre los escritos hallados más antiguos del Antiguo Testamento.

MUNDO ACUÁTICO
Al sur de Israel, en el golfo de Eilat, los buceadores pueden ver en sus exploraciones muchos peces marinos, bellos corales y algunos interesantes naufragios.

BELÉN
El asentamiento de Belén se remonta al menos al 1400 A.C., cuando se menciona en una carta al faraón de un gobernador egipcio de Jerusalén. Es famosa por ser la ciudad natal tanto del rey David como de Jesús y fue el hogar al que Rut y Noemí regresaron desde Moab.

Más de la mitad de la población de Israel vive en las llanuras de la costa, una franja de tierra junto al Mediterráneo.

El mar Muerto es el punto más bajo y salado de la tierra. El agua es tan salada que puedes flotar sin esfuerzo.

DÉBORA Y GEDEÓN

Tras la muerte de Josué y los ancianos que vinieron después de él, el pueblo de Israel se encontró sin un líder claro. Aunque se establecieron en la anhelada tierra prometida, abandonaron las leyes de Dios e hicieron lo que quisieron. Para que el pueblo volviera a su camino y a su fe, Dios levantó nuevos líderes, conocidos como jueces.

Dos de los jueces fueron Débora y Gedeón. Débora, descendiente de José, es la única juez mujer que aparece en la Biblia. Dios la nombró cuando los israelitas pidieron ayuda después de sufrir veinte años de opresión bajo el cruel rey cananeo Jabín. Débora, Barac y Jael cooperaron para derrotar a Jabin y Sísara, su general.

Reinó la paz por cuarenta años hasta que los israelitas se apartaron una vez más de Dios. Los invasores estaban destruyendo su tierra. Dios envió un ángel a un hombre llamado Gedeón, pidiéndole que fuera el siguiente líder de los israelitas. Gedeón reunió un ejército para atacar a los madianitas. Una noche, el ejército israelita sorprendió al campamento enemigo con antorchas encendidas y trompetas. Causaron tal confusión que los madianitas terminaron matándose entre ellos. Los que sobrevivieron huyeron despavoridos, dándole la victoria a Gedeón y su ejército.

¿Lo sabías?

En la Biblia, los jueces no son como los jueces modernos de la corte. Aunque su responsabilidad principal era militar, Débora se sentaba a menudo bajo una palmera y el pueblo acudía a ella con sus problemas.

Cuando Gedeón seleccionó a sus tropas, Dios le dijo que escogiera solo a los hombres que bebieran del río con la mano en lugar de beber directamente del río.

PALABRA(S) CLAVE

Después de la victoria de Gedeón, juntó el oro de los derrotados. Se hizo para sí un *efod*, una elaborada prenda de lino que se ponía el sumo sacerdote, levantó un ídolo que su pueblo comenzó a adorar, violando el primer mandamiento y apartándose de los caminos de Dios, quien lo había llamado.

¡UNA PISTA!

¿Dónde se encontró por primera vez el ángel del Señor con Gedeón y qué había de extraño en lo que estaba haciendo?

– Lee: Jueces 6.11 –

«El ángel del Señor vino y se sentó bajo la encina que estaba en Ofra, la cual pertenecía a Joás, del clan de Abiezer. Su hijo Gedeón estaba trillando trigo en un lagar, para protegerlo de los madianitas».

UNA COSA MÁS

La canción de Débora (Jueces 5.2-31) es única entre otros cánticos de la Biblia porque celebra la victoria militar de dos mujeres, Débora y Jael.

SANSÓN Y DALILA

Antes del nacimiento de Sansón, un ángel le dijo a sus padres que su hijo había sido elegido para ser un siervo de Dios de por vida. Sansón era fuerte y poderoso, pero no siempre vivió una vida piadosa. Era fuerte físicamente, pero débil de carácter. Imponía su propia voluntad y mataba a los que lo ofendían. Insistió en casarse con una filistea, lo cual era una gran ofensa para los israelitas. (Los filisteos eran los enemigos de siempre de los israelitas).

Sansón conoció a otra mujer filistea llamada Dalila. Los filisteos querían saber de dónde sacaba su fuerza Sansón, así que le ofrecieron a Dalila plata por descubrir su secreto. Sansón le confesó a Dalila que su poder le venía de su largo cabello, que nunca había sido cortado. Una noche, mientras Sansón dormía, Dalila le cortó el pelo. Los filisteos lo capturaron sin problema, le sacaron los ojos, lo metieron en prisión y lo hicieron esclavo.

Los filisteos planearon una gran reunión a la que asistieron todos sus gobernantes. ¡Llevaron a Sansón al templo para dar un espectáculo! Después de orar a Dios, y con un último aliento de fuerza, empujó las columnas que soportaban la estructura del lugar y murieron todos, incluido Sansón.

PALABRA(S) CLAVE

Los filisteos fueron conocidos al principio como *peleshets*, un nombre usado para referirse a los extranjeros o vagabundos. *Filisteo* en griego es *palestino*. La palabra *filisteo* ha llegado a referirse a alguien que es materialista, preocupado por acumular riquezas y posesiones.

▼ *Los filisteos eran famosos por ser grandes guerreros y marineros.*

¡UNA PISTA!

¿Qué usó Sansón para matar a más de mil filisteos después de que su propio pueblo lo entregara?

– Lee: Jueces 15.15 –

«Al encontrar una quijada de burro que todavía estaba fresca, la agarró y con ella mató a mil hombres».

¿Lo sabías?

Antes del nacimiento de Sansón, un ángel le dijo a sus padres que lo criaran como nazareo, alguien que consagraba su vida al servicio de Dios. Un nazareo no podía beber nada hecho de uvas, incluidos el alcohol y el vinagre. También tenía prohibido cortarse el pelo, por eso el cabello de Sansón le daba su fuerza, porque representaba su vocación sagrada.

UNA COSA MÁS

Cada uno de los gobernantes filisteos pagó a Dalila mil cien monedas de plata, una enorme fortuna, por su traición a Sansón.

RUT Y NOEMÍ

Rut es una de las dos únicas mujeres en la Biblia con un libro entero con su nombre. La otra es Ester.

Rut vivía en Moab, en el lado este del mar Muerto. Se casó con un israelita, cuya familia había vivido originalmente en Belén. Vivía con su marido y sus suegros. Su suegra era Noemí. Cuando el marido y los hijos de Noemí murieron, le dijo a sus nueras, Rut y Orfa, que quería volver a su tierra natal. Ellas eran libres de quedarse y volverse a casar. Rut eligió ir con Noemí y adorar al Dios de Noemí, el Dios de los israelitas. «Tu pueblo será mi pueblo, y tu Dios será mi Dios», le dijo a Noemí (Rut 1.16).

Una vez en Belén, Rut trabajó en los campos de un hombre llamado Booz. Rut recogía los granos de cebada que quedaban en el suelo después de la cosecha. Booz era pariente del marido de Noemí. Cuando se enteró de este parentesco y de lo necesitadas que estaban Rut y Noemí, decidió protegerlas. Booz y Rut se casaron y fueron los padres de Obed, que llegaría a ser el bisabuelo de David, el futuro rey de Israel.

UNA COSA MÁS

Rut es una de las cuatro mujeres que aparecen en la genealogía de Jesús en el Evangelio de Mateo.

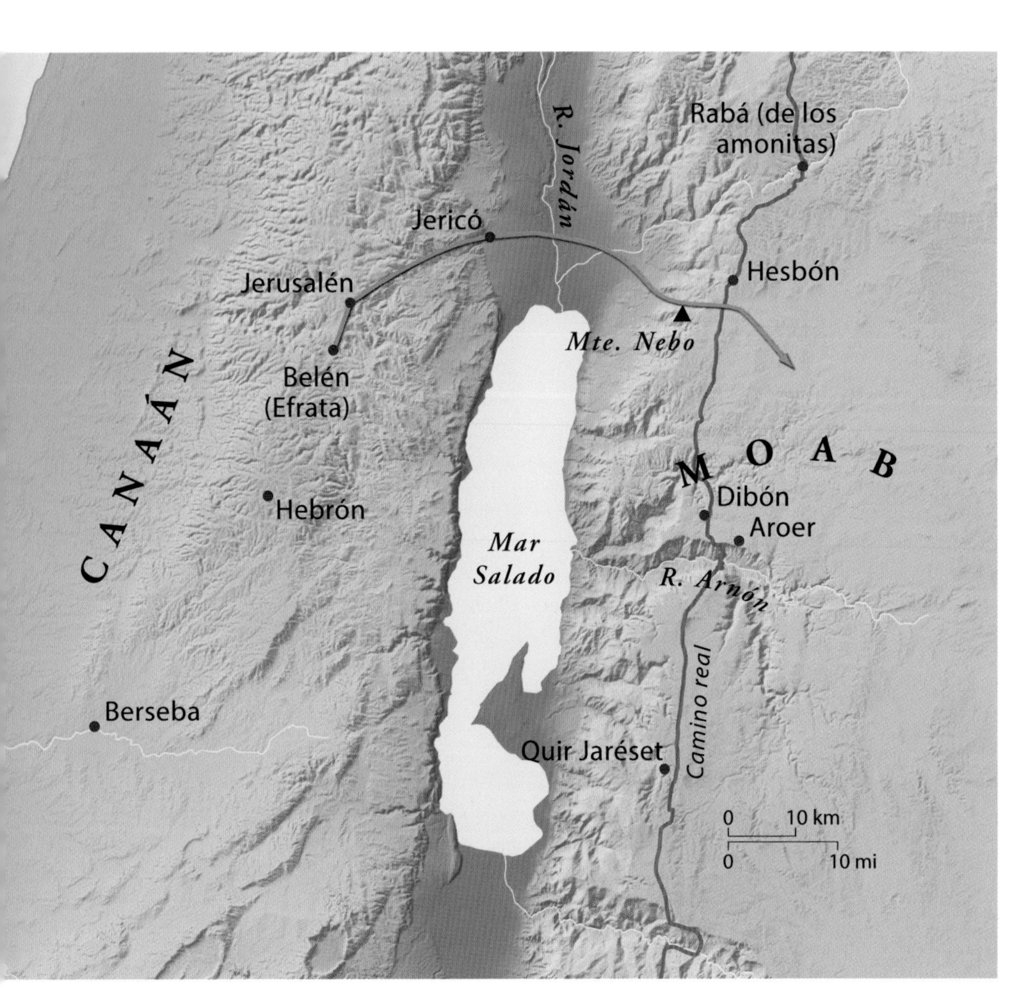

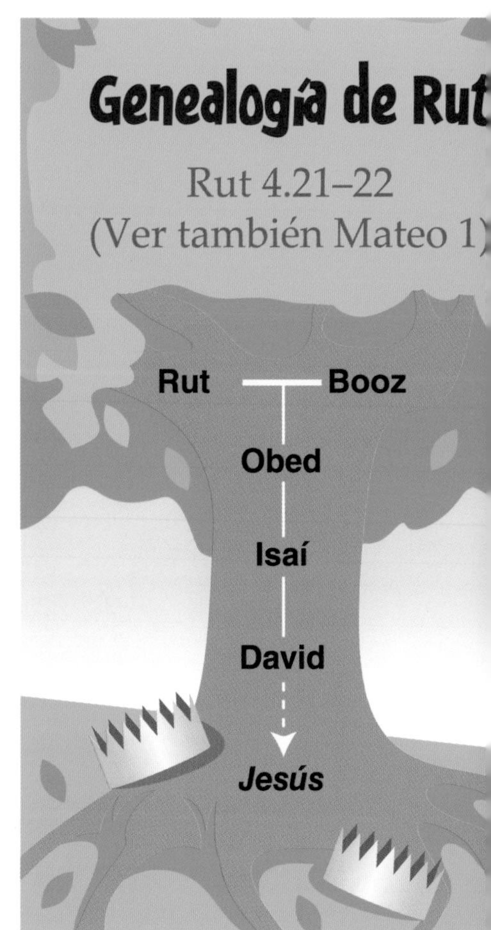

▲ *Vista aérea de Belén y los campos cercanos.*

PALABRA(S) CLAVE

Belén significa «casa del pan», y era una tierra próspera cuando Noemí regresó con Rut.

¡UNA PISTA!

¿Cómo se hacía en Israel en los tiempos de Rut y Noemí para que un acuerdo fuera legal?

– Lee: Rut 4.7 –

«En aquellos tiempos, para ratificar la redención o el traspaso de una propiedad en Israel, una de las partes contratantes se quitaba la sandalia y se la daba a la otra. Así se acostumbraba legalizar los contratos en Israel».

Esta antigua sandalia es del siglo XVI A.C. y está hecha de cuero.

¿Lo sabías?

Recoger espigas en los campos era lo que hacía la gente para no morir de hambre cuando no tenía ninguna fuente de ingresos. La cebada, quizás el cultivo más importante, se usaba para alimentar al ganado y hacer pan.

ANA Y SAMUEL

Un hombre llamado Elcaná tenía dos esposas, Ana y Penina. Elcaná amaba profundamente a Ana, pero no tenía hijos con ella, mientras que Penina le daba muchos hijos. Penina se burlaba de Ana por eso, lo cual ponía muy triste a Ana. Una vez al año, la familia viajaba a Siló para ofrecer sacrificios a Dios. Mientras oraba sola en el templo, Ana se quebrantó, llorando y orando a Dios por un hijo, y prometió entregarlo al servicio de Dios.

Ana se quedó embarazada. Cuando nació su hijo Samuel, ella cumplió su promesa. Cuando dejó de tomar el pecho, lo llevó al templo en Siló y lo entregó al cuidado del sacerdote Elí.

Los dos hijos de Elí no eran buenos y eran crueles con Samuel. Dios eligió a Samuel para que sirviera como ayudante de Elí, en lugar de los hijos de este. Después de la muerte de Elí, la gente reconoció a Samuel como profeta, y lo respetaron y honraron. Él sirvió a Dios con fidelidad toda su vida. Después de que el pueblo pidiera un gobernante, Samuel fue el profeta que ungió a Saúl como primer rey de Israel.

¿Lo sabías?

Cuando Samuel se fue a vivir al templo con Elí para servirle, Ana oró en voz alta un cántico de regocijo. En esta canción-oración, alabó la gloria de Dios y predijo un futuro rey. Por eso se llama profetisa a Ana.

PALABRA(S) CLAVE

Ana llamó a su hijo primogénito *Samuel*, que significa «escuchada por Dios», porque fue la respuesta a su oración en el templo. Después de empezar a servir en el templo, Samuel se despertó al oír la voz de Dios que lo llamaba.

¡UNA PISTA!

¿A quién estaba en realidad rechazando el pueblo como líder cuando le pidió a Samuel que nombrara a un rey para sucederle?

– Lee: 1 Samuel 8.7 –

«... pero el SEÑOR le dijo: "Hazle caso al pueblo en todo lo que te diga. En realidad, no te han rechazado a ti, sino a mí, pues no quieren que yo reine sobre ellos"».

UNA COSA MÁS

En los tiempos bíblicos, era muy importante que una familia tuviera hijos para perpetuar el linaje paterno. La mujer debía tener hijos para su marido. Por eso Ana estaba tan triste.

EL REY SAÚL

La época de los jueces duró más de cuatrocientos años. El pueblo se alejó de Dios, así que era lógico que Dios les trajera las consecuencias propias de su falta de fe. Sin embargo, cuando clamaron por un rey humano, Dios aceptó a disgusto. Todos esperaban que un rey fuerte gobernara con sabiduría y llevara a los israelitas a la victoria militar.

Dios le dijo al profeta Samuel que ungiera a Saúl como rey. Saúl era alto y apuesto y de una familia con buena reputación ante Dios. Cuando Samuel ungió a Saúl, el Espíritu de Dios vino sobre él.

Saúl tenía treinta años cuando lo coronaron rey. Reinó sobre la nación de Israel por cuarenta y dos años. Hacia el final de su mandato, se apartó de las instrucciones de Dios y perdió el favor de Dios y del pueblo. Dios se disgustó con Saúl y envió a Samuel a ungir a David como siguiente rey.

PALABRA(S) CLAVE

Ungir es señalar o bendecir a alguien con aceite, una práctica común en la antigua comunidad judía. El aceite usado en la unción se llevaba en un cuerno especial de animal.

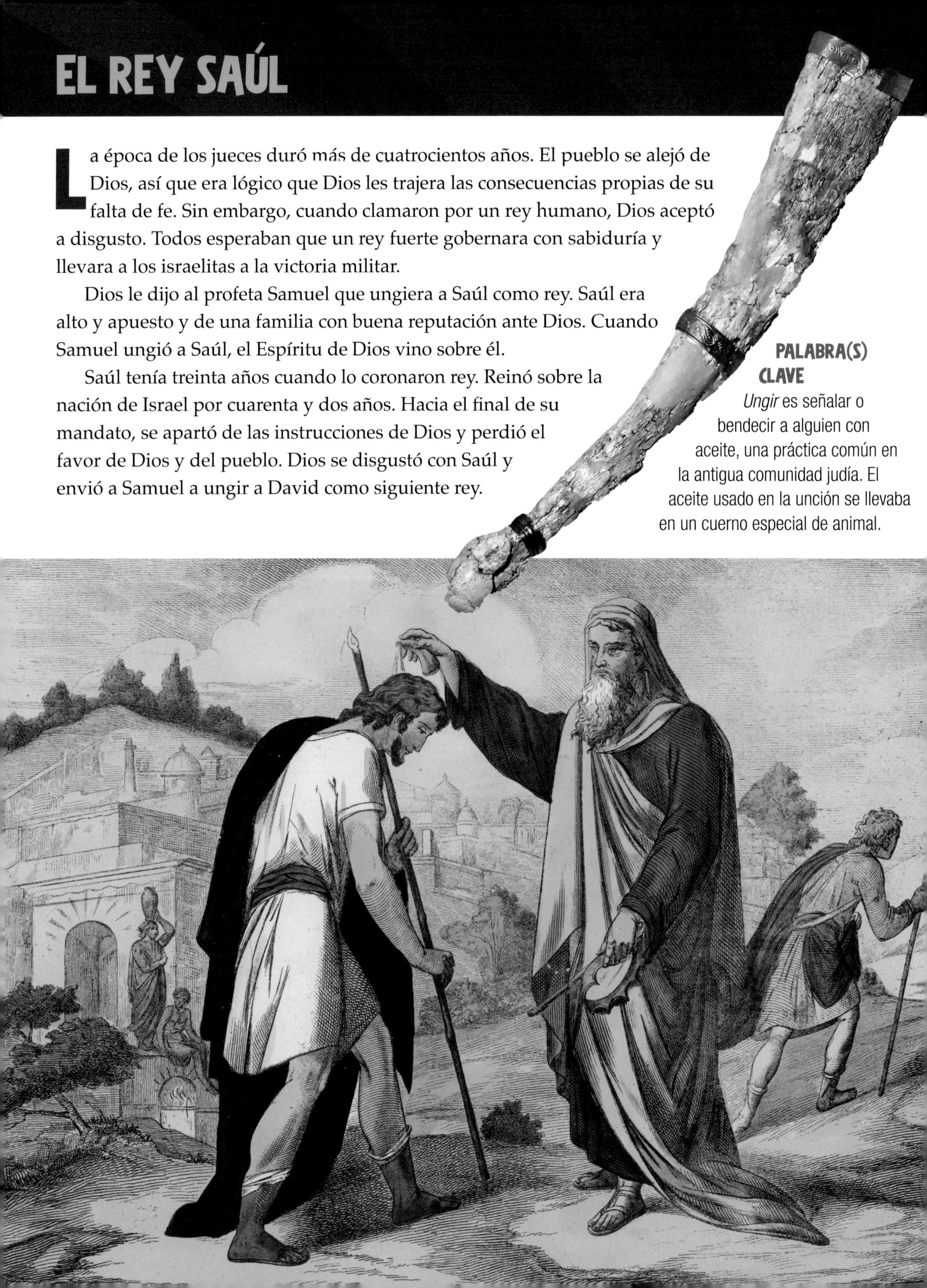

¿Lo sabías?

Antes de ser rey, Saúl criaba burros para su padre. Era un hombre tímido que se describe como: «buen mozo y apuesto como ningún otro israelita, tan alto que los demás apenas le llegaban al hombro» (1 Samuel 9.2).

UNA COSA MÁS

Saúl perdió el favor de Dios y Dios ya no le hablaba. Fue en secreto a una adivina para saber qué hacer, aunque él mismo había prohibido hacer eso. En un extraño giro de las circunstancias, a la adivina se le apareció la imagen de Samuel, que estaba muerto, y predijo que los israelitas serían derrotados por los filisteos y que Saúl y sus hijos morirían.

Saúl resultó herido en una batalla con los filisteos. Para que no lo mataran sus enemigos, se lanzó sobre su propia espada.

¡UNA PISTA!

¿Cómo se llamaba el hijo de Saúl que se convirtió en el mejor amigo de David?

– Lee: 1 Samuel 20.42 –

«Puedes irte tranquilo —le dijo Jonatán a David—, pues los dos hemos hecho un juramento [...], pidiéndole que juzgue entre tú y yo, y entre tus descendientes y los míos».

David era un rey guerrero que aparece en escena cuando Samuel lo unge para reinar después de Saúl. Era un simple pastorcillo entonces, pero la Biblia dice que «el Espíritu del Señor vino con poder sobre David, y desde ese día estuvo con él» (1 Samuel 16.13).

David mataría después al filisteo Goliat, derrotándolo con la bendición de Dios, una honda y unas piedras. Después se convirtió en un guerrero importante del rey Saúl. Fue recompensado con la mano de la hija de Saúl, Mical. Pero al final Saúl se puso celoso de David, que era popular entre el pueblo. Saúl ordenó matar a David, así que él y sus soldados se convirtieron en fugitivos desde entonces. Tras la muerte de Saúl, David fue coronado rey.

¡UNA PISTA!

¿Qué hizo David con las armas de Goliat?

– Lee: 1 Samuel 17.54 –

«... las armas [de Goliat] las guardó en su tienda de campaña».

PALABRA(S) CLAVE

En el Antiguo Testamento, *Goliat* era un nombre de varón. Otro guerrero con el mismo nombre se menciona en una batalla registrada en 2 Samuel 21.19. Hoy en día, la palabra *Goliat* se refiere a una persona de gran fuerza y tamaño, así como a una persona o equipo que parte con ventaja en una competencia deportiva.

▼ *(1 Samuel 16.23) Cada vez que el espíritu de parte de Dios atormentaba a Saúl, David tomaba su arpa y tocaba.*

¿Lo sabías?

A David le encantaba alabar a Dios danzando. Cuando el arca de la alianza llegó a Jerusalén, David se despojó de sus ropas y bailó de alegría. Esto avergonzó a su esposa Mical, que pensó que era un comportamiento indigno de un rey.

UNA COSA MÁS

A David se le atribuyen muchos de los salmos de la Biblia. No está totalmente probado, pero David era bien conocido por ser un músico que tocaba, cantaba y danzaba para alabar a Dios. Los salmos son a la vez poemas e himnos, y a algunos se les ha puesto música.

SALOMÓN (Y LA REINA DE SABÁ)

Salomón sucedió a su padre como siguiente rey de Israel. David ordenó a su hijo: «Cumple los mandatos del SEÑOR tu Dios; sigue sus sendas» (1 Reyes 2.3). Dios se le apareció a Salomón en un sueño y le prometió darle lo que quisiera. Salomón pidió sabiduría para ser un rey bueno y fiel. Por pedir esto en lugar de riquezas y poder, Dios le concedió las tres cosas.

Salomón fue célebre por su sabiduría y justicia. La gente viajaba desde muy lejos para escuchar sus palabras. La reina de Sabá, al sur de Arabia, llegó a Israel con una gran caravana de presentes. Le hizo muchas preguntas a Salomón, deseosa de aprender de él. Preguntara lo que preguntara ella, Salomón sabía la respuesta. Sorprendida, la reina declaró que el pueblo de Israel era afortunado de tener un rey tan sabio y glorioso. Alabó al Dios de Israel por el amor eterno mostrado a Salomón. Antes de emprender ella su viaje a casa, Salomón le dio una multitud de regalos para que se los llevara a su tierra.

PALABRA(S) CLAVE

El nombre Salomón viene probablemente de la palabra hebrea, *shalom* que significa «paz». También puede proceder del término hebreo para «sustituto», ya que Salomón fue el hijo que tuvieron David y Betsabé después de que su primer hijo muriera.

¡UNA PISTA!

¿Qué presente le trajo la reina de Sabá a Salomón que era más de lo que nadie había regalado nunca?

– Lee: 1 Reyes 10.10 –

«... le regaló [...] piedras preciosas y gran cantidad de perfumes. Nunca más llegaron a Israel tantos perfumes como los que la reina de Sabá le obsequió al rey Salomón».

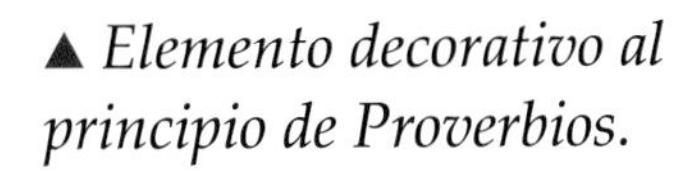

▲ *Elemento decorativo al principio de Proverbios.*

UNA COSA MÁS

Debido a su legendaria sabiduría, se le atribuye a Salomón la escritura de gran parte de Proverbios, así como Cantar de los Cantares y Eclesiastés, aunque los expertos en la Biblia no pueden asegurarlo.

¿Lo sabías?

Salomón supervisó la construcción del templo de Jerusalén. El templo era la casa de Dios en la tierra y albergaba el arca del pacto, que contenía las tablas de piedra con los Diez Mandamientos.

Aunque Salomón comenzó obrando con sabiduría, no terminó así. Tuvo 700 esposas con las que se casó para garantizar tratados de paz. Muchas de ellas eran mujeres extranjeras que lo llevaron a adorar a otros dioses.

ELÍAS Y ELISEO

Alrededor del 930 A.C., después de la muerte de Salomón, su hijo Roboán se convirtió en rey. Su deficiente liderazgo llevó a que Israel se dividiera en dos mitades. El Reino del Norte se conoció como Israel; y el Reino del Sur, como Judá.

Dios designó a un profeta, Elías, para servir a Israel y derrotar a los profetas del dios pagano Baal. Elías tuvo éxito, pero tuvo que huir de la reina Jezabel para salvar su vida. Se escondió en una montaña. Dios le habló y le dijo que ungiera a Eliseo como profeta, y lo hizo. Ambos trabajaron juntos para llevar la Palabra de Dios al pueblo.

Bajo la guía de Elías y Eliseo, muchos de los israelitas que habían abandonado a Dios recuperaron su fe.

Después de que Elías fuera llevado al cielo, Eliseo continuó sirviendo a Dios como un poderoso profeta hasta su muerte.

PALABRA(S) CLAVE

El rey de Israel, Acab, y su esposa, Jezabel, animaron al pueblo a dejar al Dios verdadero por los dioses cananeos. *Baal* era el nombre del dios de la fertilidad y las tormentas. Dios ordenó a Elías que destruyera a los profetas de Baal. En hebreo, la palabra *ba'al* significa «uno que posee algo», y *Baal* llegó a significar «señor».

¿Lo sabías?

El libro de Malaquías predice que Elías reaparecerá antes del día del Señor (el fin de los tiempos). Por causa de esta predicción y de sus grandes milagros, las familias judías creían que Elías podría ser el Mesías prometido y le solían preparar un lugar en la mesa de la Pascua.

UNA COSA MÁS

Cuando la tierra se secó por una terrible sequía, Dios le dijo a Elías que se ocultara en el arroyo de Querit. Mientras estuvo allí, los cuervos le traían pan y carne por las mañanas y por las tardes, y en el arroyo tenía agua potable.

¡UNA PISTA!

¿Qué le pasó a Elías al final de su vida?

– Lee: 2 Reyes 2.11 –

«Iban caminando y conversando cuando, de pronto, los separó un carro de fuego con caballos de fuego, y Elías subió al cielo en medio de un torbellino».

LOS NIÑOS REYES: JOÁS Y JOSÍAS

Después de que el mandatario de Judá fuera asesinado, su madre, Atalía, mató a todos sus nietos para convertirse en reina. La hermana del rey muerto se las arregló para rescatar a uno de los bebés de su hermano, Joás. Lo escondió por seis años hasta que lo sacaron de su escondite y lo proclamaron rey. Joás tenía entonces siete años: era el rey legítimo de Judá y descendiente de David.

Joás reinó cuarenta años, desde el 837 al 796 A.C. En sus primeros años, restauró el pacto entre Dios y su pueblo. También supervisó la reconstrucción del templo de Salomón y le devolvió su importancia como centro de adoración para los israelitas. Joás se alejó al final de Dios. Dio todos los tesoros del templo como soborno para proteger Jerusalén. Sus propios oficiales lo mataron más adelante.

Josías fue otro rey que comenzó su reinado siendo niño. Lo coronaron cuando tenía ocho años, después de morir su padre, el rey Amón. Josías, como Joás, supervisó la renovación del templo. Los trabajadores descubrieron un libro sagrado y se lo llevaron a Josías. Lo reconoció como el libro de la Ley, que contenía las leyes de Dios que debían dirigir la vida del pueblo. Josías reunió a todos los líderes de Judá y Jerusalén y leyó en voz alta el libro. El pueblo renovó su pacto con Dios una vez más. Josías se mantuvo como un rey justo y honesto durante treinta y un años, desde el 641 al 609 A.C. Murió en una batalla y, por desgracia, el hijo que le sucedió como rey apartó de Dios al pueblo una vez más.

PALABRA(S) CLAVE

Los primeros cinco libros de la Biblia hebrea se conocen como el *Pentateuco* («cinco libros» o «cinco rollos»). Contienen la *Torá*, o Ley. *Torá* significa «guía, enseñanza, instrucción». Se cree que el libro de la Ley es el libro de Deuteronomio, el quinto libro del Pentateuco.

¡UNA PISTA!

Joás se quedó huérfano siendo un bebé. ¿Quién le enseñó a ser un buen rey?

– Lee: 2 Reyes 12.2 –

«Joás hizo durante toda su vida lo que agrada al Señor, pues siguió las enseñanzas del sacerdote Joyadá».

UNA COSA MÁS

Josías murió por una herida de guerra. Estaba tratando de impedir que los ejércitos del faraón Necao llegaran a ayudar al ejército asirio.

▶ *Fragmento de una placa de Necao II*

¿Lo sabías?

El templo que Joás reparó era el que construyó Salomón. Joás ordenó que el dinero que se trajera al templo no se gastara en objetos, sino que para pagar a los obreros que hacían las reparaciones.

MESOPOTAMIA, ASIRIA, BABILONIA, PERSIA

Mesopotamia es una región del Asia occidental. En Mesopotamia se produjeron algunos de los principales avances de la historia de la humanidad, como la invención de la rueda y el desarrollo de las matemáticas, la astronomía y la agricultura moderna. La palabra Mesopotamia puede traducirse más o menos como «tierra entre los ríos» porque tenía los ríos Tigris y Éufrates.

▶ *La tumba de Ciro el Grande es un monumento situado cerca de Pasargadae, Irán.*

ASIRIA

El Imperio asirio estaba en su apogeo después de la época de David y Salomón, alrededor del 934-612 A.C. La capital de este reino era Nínive. Alrededor del 722 A.C., Asiria invadió Israel y destruyó las diez tribus que vivían allí. Su gente se dispersó y se integró en otras culturas.

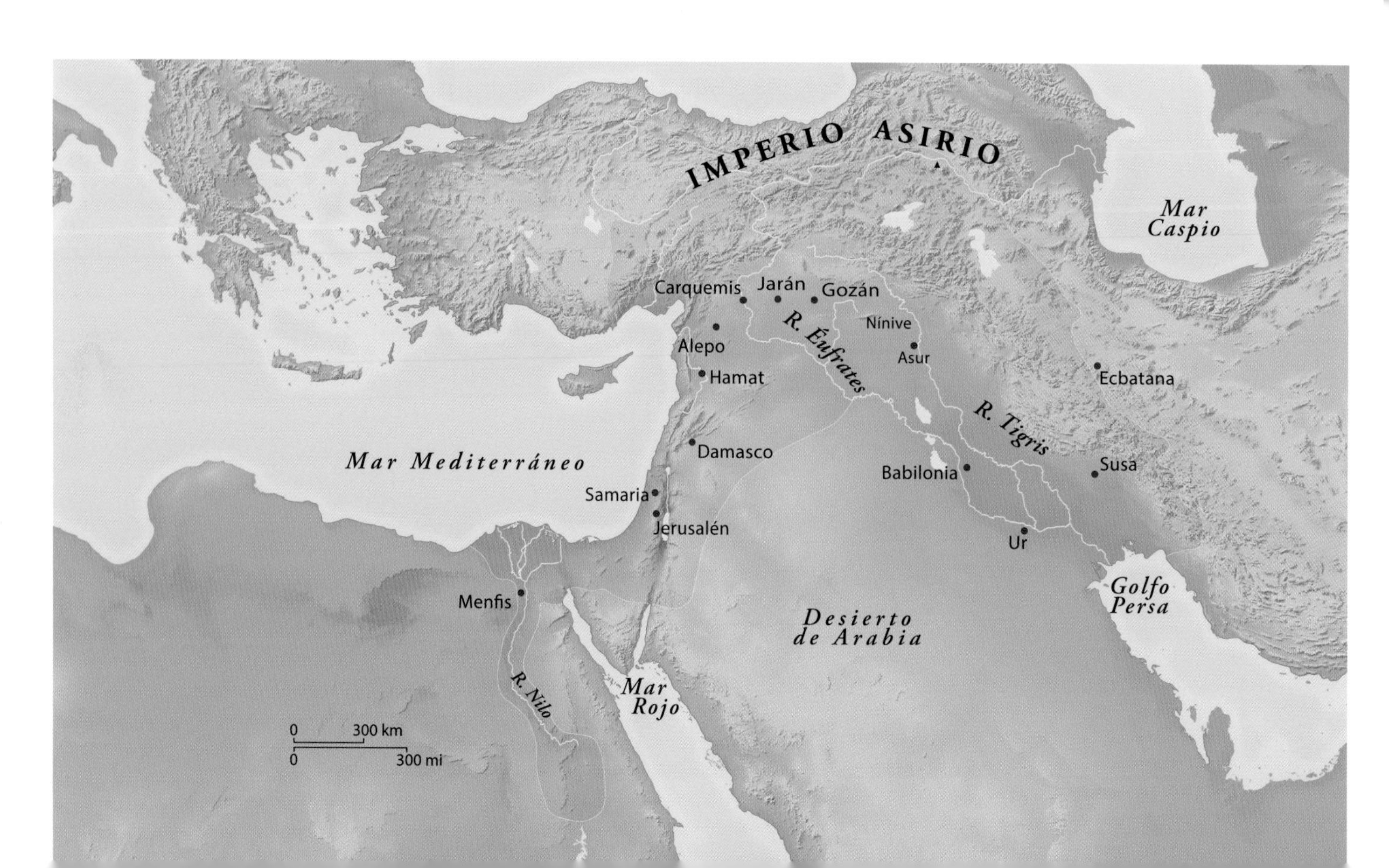

BABILONIA

El Imperio babilónico se extendía desde el golfo Pérsico hasta el mar Mediterráneo y el mar Rojo. Babilonia conquistó el Imperio asirio, el que había ocupado esa región antes. Babilonia estaba en su apogeo durante la época de Nabucodonosor (605-562 A.C.). Nabucodonosor fue el responsable de la destrucción de Jerusalén. La historia de Daniel tiene lugar durante la época del Imperio babilónico.

PERSIA

Ciro el Grande fue el primer gobernante de Persia (alrededor del 559 A.C.) que obtuvo victorias militares importantes. Venció a los medos y a Babilonia. Liberó a los judíos cautivos en Babilonia y les permitió regresar a Jerusalén. El Imperio persa solo duró unos pocos cientos de años. Fue derrotado por el ejército griego de Alejandro Magno alrededor del 330 A.C. La historia de Ester tiene lugar durante la época del Imperio persa.

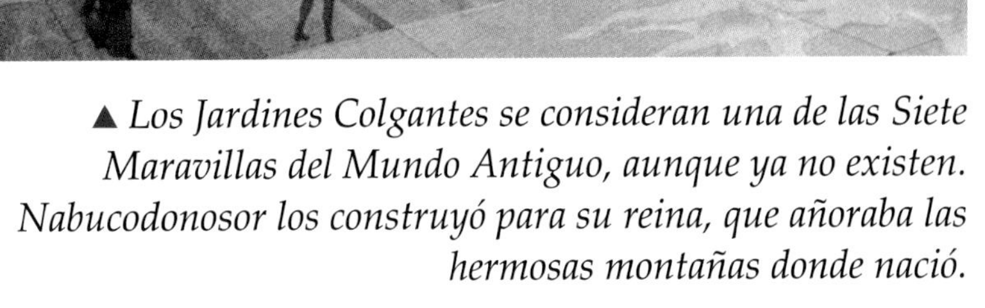

▲ *Los Jardines Colgantes se consideran una de las Siete Maravillas del Mundo Antiguo, aunque ya no existen. Nabucodonosor los construyó para su reina, que añoraba las hermosas montañas donde nació.*

LA REINA ESTER

Casi 600 años antes de Jesús, el pueblo judío fue derrotado en la guerra. Muchos de ellos fueron llevados a otros países como exiliados, casi como prisioneros. Ester creció como exiliada judía en Persia. Años antes, durante el Imperio babilónico, muchos judíos habían sido capturados y llevados a Persia. Mardoqueo era pariente de Ester y fue su tutor, ya que era huérfana.

¡UNA PISTA!

Cuando Jerjes eligió a Ester como su nueva reina, ¿qué le dio?

– Lee: Ester 2.9 –

«Por eso él se apresuró a darle el tratamiento de belleza y los alimentos especiales».

El rey Jerjes buscaba una nueva reina, así que le trajeron a las jóvenes más bellas del reino. Jerjes eligió a Ester, sin saber que era judía.

Amán era el consejero más honorable del rey. Amán odiaba a los judíos e ideó un plan para deshacerse de ellos. Convenció a Jerjes para que limpiara de judíos el imperio.

Mardoqueo persuadió a Ester para que le pidiera al rey que les perdonara la vida a ella y a su pueblo. Ester arriesgó su vida para hablar con el rey y luego se enfrentó a Amán. Cuando Jerjes descubrió que Amán lo había engañado y planeaba quitarle la vida a su reina y a todos los judíos, hizo ejecutar a Amán y a sus hijos.

¿Lo sabías?

Jerjes gobernaba un enorme reino, que se extendía desde la India, en el suroeste, hasta las fronteras de Grecia, en el noreste. Persia era lo que hoy se conoce como Irán. Esta es Persépolis, la capital ceremonial durante el reinado de Jerjes.

PALABRA(S) CLAVE

El nombre *Ester* procede de la palabra persa para «estrella». El nombre de Ester también podría venir del nombre de la diosa babilónica *Ishtar*, que significa «Reina del Cielo». Su nombre en hebreo era *Jadasá*, que significa «mirto», un tipo de árbol.

UNA COSA MÁS

Purim es la fiesta que celebran los judíos cada día 14 del mes judío de *adar*, que por lo general cae alrededor del 14 de marzo. Es un día de fiesta y alegría, que celebra cuando el pueblo judío en el exilio fue liberado de sus enemigos.

LOS PROFETAS MAYORES

Los profetas del Antiguo Testamento hablaban de parte de Dios. Anunciaban los planes de Dios para el pueblo de Israel, les advertían de lo que sucedería si se desviaban de su obediencia a Dios, y les prometían un futuro en el que Dios reinaría sobre el mundo entero. Hay profetas mayores y profetas menores. Los libros llamados Profetas Mayores son más largos que los Profetas Menores. Los cuatro Profetas Mayores son Isaías, Jeremías, Ezequiel y Daniel.

¡UNA PISTA!

¿Qué le pidió Dios a Ezequiel que se comiera antes de empezar su función de profeta?

– Lee: Ezequiel 3.1 –

«Y me dijo: "Hijo de hombre, cómete este rollo escrito, y luego ve a hablarles a los israelitas"».

▲ *Isaías vivió en el siglo VIII A.C. Tuvo una visión de Dios en la cual Dios preguntó: «¿A quién enviaré?». Isaías respondió: «Aquí estoy. ¡Envíame a mí» (Isaías 6.8).*

¿Lo sabías?

Juan el Bautista cita a Isaías (Isaías 40.3): «Así está escrito en el libro del profeta Isaías: Voz de uno que grita en el desierto: "Preparen el camino del Señor, háganle sendas derechas"» (Lucas 3.4–6).

PALABRA(S) CLAVE

La definición de *profeta* en hebreo es «portavoz» u «orador». Un profeta no era un adivino. Los adivinos llamaban a los espíritus malignos y a los muertos, lo cual estaba prohibido por Dios.

▶ *Jeremías era hijo de un sacerdote. Como profeta, habló a los judíos de Judea y a los que habían sido capturados por imperios extranjeros y obligados a vivir en el exilio. Jeremías es conocido como «el profeta llorón» por los tiempos tan duros que soportó.*

▶ *El mensaje de Ezequiel era para los cautivos judíos que vivían en Babilonia.*

▶ *Daniel fue capturado de niño y exiliado en Babilonia. Su misión era tanto con los exiliados judíos como con los reyes gentiles (no judíos).*

UNA COSA MÁS

Se cree que Jeremías escribió el libro de Lamentaciones. El nombre viene de una palabra hebrea que significa «endecha funeraria» o «lamento». Una lamentación expresa duelo y tristeza. Lamentaciones trata sobre la tristeza de los judíos exiliados en tierras extranjeras.

DANIEL

Nabucodonosor, el rey de Babilonia, conquistó Jerusalén en el 605 A.C. Esto resultó en la captura y el exilio de muchos judíos. A muchos de los hombres exiliados los educaron para servir en palacio. Uno de estos jóvenes fue Daniel. Podía entender sueños y visiones, lo que lo hacía valioso para los reyes y dirigentes. Interpretó los sueños de Nabucodonosor, lo que llevó al rey a alabar al Dios de Israel.

En la corte del rey había muchos que odiaban a Daniel por sus habilidades. Engañaron al nuevo rey, Darío, para que sentenciara a muerte a Daniel. A regañadientes, Darío mandó arrojar a Daniel a un foso de leones, pero oró para que el Dios de Daniel lo salvara. A la mañana siguiente, el rey encontró a Daniel sano y salvo. Los hombres que lo acusaron falsamente fueron arrojados al foso y devorados por los leones.

UNA COSA MÁS

El libro de Daniel contiene la historia de tres judíos arrojados a un horno de fuego por negarse a darle la espalda a Dios. Su fe salvó a Sadrac, Mesac y Abednego, y por esa razón Nabucodonosor comenzó a creer en el Dios de Israel.

¿Lo sabías?

Daniel seguía una dieta *kosher*, con reglas estrictas sobre qué tipo de comida se podía comer y cómo había que prepararla. Como resultado, Daniel y sus amigos estaban más sanos que los otros que trabajaban en el palacio.

¡UNA PISTA!

¿Qué aptitudes debían tener los exiliados judíos para poder servir en el palacio?

– Lee: Daniel 1.3–4 –

«El rey le ordenó [...] que llevara a su presencia a algunos de los israelitas pertenecientes a la familia real y a la nobleza. Debían ser jóvenes apuestos y sin ningún defecto físico, que tuvieran aptitudes para aprender de todo».

PALABRA(S) CLAVE

En una fiesta de palacio durante el reinado de Belsasar, aparecieron los dedos de una mano y escribieron en la pared: *Mene, Mene, Téquel, Parsin.* El significado de esas palabras es «contar», «pesar», «dividir». Daniel supo unir los significados. Su mensaje: los días del rey habían llegado a su fin y su reino sería dividido y entregado. Esa noche, Belsasar fue asesinado.

JONÁS

Dios quería enviar a un profeta llamado Jonás para predicar a la gente de Nínive, una ciudad importante del Imperio asirio. Pero los asirios eran enemigos de siempre del pueblo judío y Jonás no creía que merecieran escuchar la palabra de Dios y ser salvados de la destrucción.

Entonces, Jonás huyó en dirección contraria. Se dirigió al oeste, en un barco, y esperaba que Dios no se diera cuenta. Dios respondió enviando un poderoso viento que creó una terrible tormenta. Los marineros estaban aterrorizados. Jonás admitió que la tormenta se originó por su desobediencia, así que, como no sabían qué otra cosa hacer para salvarse, arrojaron a Jonás por la borda. Al momento, el mar se calmó.

Un pez enorme se tragó a Jonás. Durante tres días, Jonás oró para que Dios lo liberara. Por fin, el pez lo escupió a tierra firme. Una vez más, Dios le dijo a Jonás que fuera a Nínive y predicara. Esta vez, Jonás escuchó. Sorprendentemente, el rey y todo el pueblo pidieron perdón y se apartaron de sus malos caminos. Dios no destruyó su ciudad.

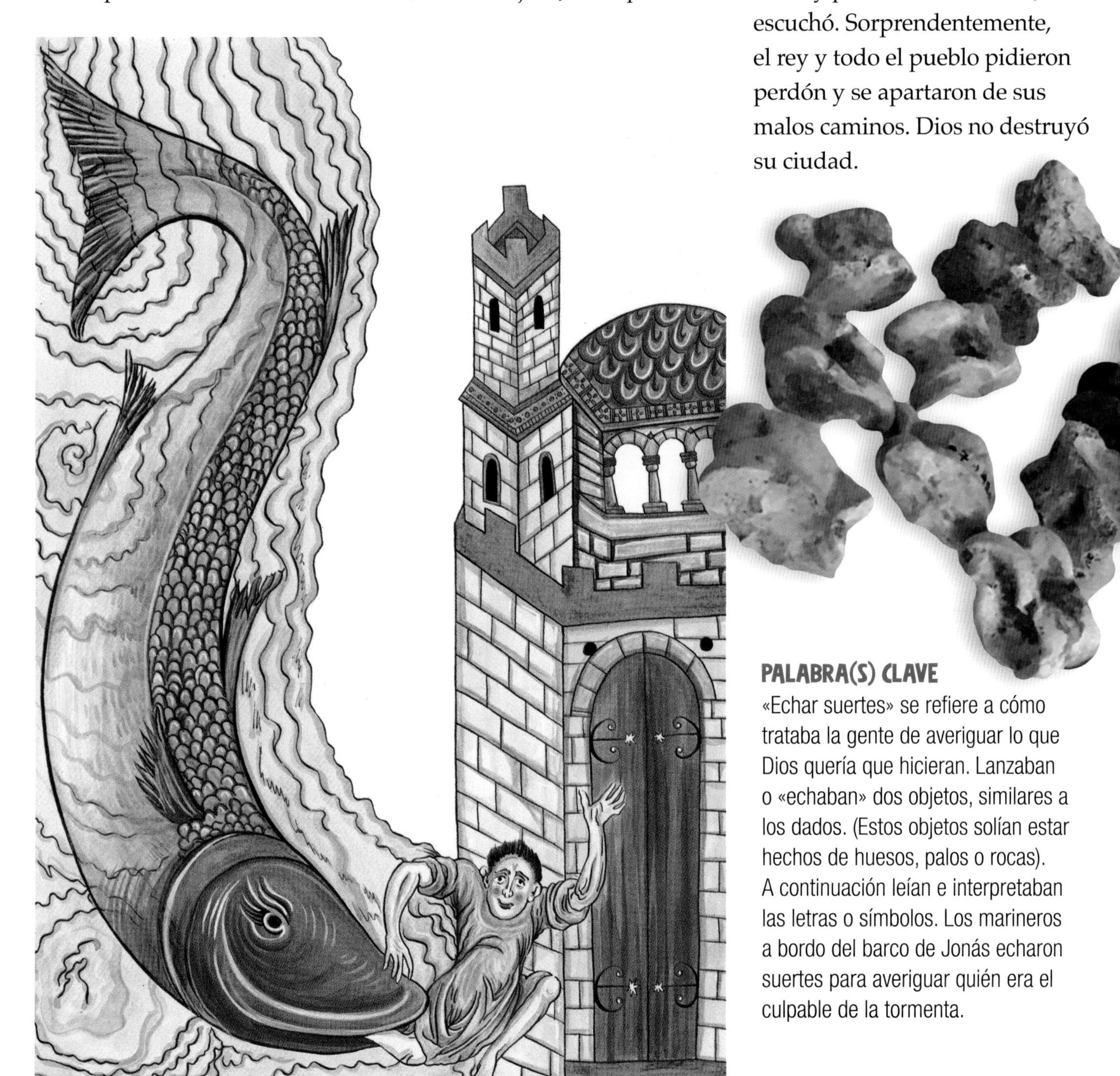

PALABRA(S) CLAVE

«Echar suertes» se refiere a cómo trataba la gente de averiguar lo que Dios quería que hicieran. Lanzaban o «echaban» dos objetos, similares a los dados. (Estos objetos solían estar hechos de huesos, palos o rocas). A continuación leían e interpretaban las letras o símbolos. Los marineros a bordo del barco de Jonás echaron suertes para averiguar quién era el culpable de la tormenta.

UNA COSA MÁS

Las personas de fe judía leen la historia de Jonás en Yom Kipur, el Día de la Expiación. Este es un día nacional de arrepentimiento, cuando el pueblo pide perdón a Dios.

¿Lo sabías?

Nínive era una antigua ciudad asiria cercana a la actual Mosul, en el norte de Irak. Esta es una representación artística del aspecto de Nínive en la época de Jonás.

¡UNA PISTA!

¿Cuál fue la reacción de Jonás a que Dios perdonara a los de Nínive?

– Lee: Jonás 4.1–3 –

«Pero esto disgustó mucho a Jonás, y lo hizo enfurecerse. Así que oró al SEÑOR de esta manera:
—¡Oh SEÑOR! ¿No era esto lo que yo decía cuando todavía estaba en mi tierra? Por eso me anticipé a huir a Tarsis, pues bien sabía que tú eres un Dios bondadoso y compasivo, lento para la ira y lleno de amor, que cambias de parecer y no destruyes. Así que ahora, SEÑOR, te suplico que me quites la vida. ¡Prefiero morir que seguir viviendo!».

LOS PROFETAS MENORES

Los doce profetas menores son Oseas, Joel, Amós, Abdías, Jonás, Miqueas, Nahúm, Habacuc, Sofonías, Hageo, Zacarías y Malaquías. En el judaísmo antiguo, las historias de estos profetas se escribían en pergaminos. Oseas es el más largo, con catorce capítulos, y Abdías es el más corto, con solo uno. Malaquías, el último libro del Antiguo Testamento, incluye la promesa de Dios de hacer «que los padres se reconcilien con sus hijos y los hijos con sus padres» (Malaquías 4.6).

Todos los libros proféticos tienen pistas sobre la identidad del profeta, y «oráculos», o discursos a menudo escritos en poesía. Los primeros seis profetas menores se centran en los pecados y delitos de los israelitas, mientras que los demás se preocupan más por las resoluciones que volverían a unir al pueblo bajo la autoridad de Dios.

¡UNA PISTA!

¿Qué dijo Miqueas que vendría un día de Belén?

– Lee: Miqueas 5.2 –

«Pero de ti, Belén Efrata [...] saldrá el que gobernará a Israel».

UNA COSA MÁS

Otras culturas tenían personas que creían que poseían conocimiento divino, similares a los profetas mayores y menores que trajeron la palabra de Dios a su pueblo. Algunas de esas culturas incluso construyeron templos dedicados a estas personas. Uno de los más famosos es el Oráculo de Delfos, quien vivía en un templo construido para Apolo, el dios Sol. Sus creyentes venían de todas partes para hacerle preguntas al oráculo, y esperaban respuestas sobre su futuro.

▲ *Templo del Oráculo de Delfos.*

¿Lo sabías?

Los profetas pedían justicia, o equidad, para el gobierno y el trato a todas las personas. Retaban al pueblo de Israel a cuidar de las viudas, los huérfanos y los extranjeros. Las viudas y los huérfanos solían ser pobres, porque no tenían quien los sustentara.

PALABRA(S) CLAVE

Un *rollo* estaba compuesto por diferentes páginas pegadas en los bordes. Se podía leer una página del rollo y luego se enrollaba para poder ver la siguiente. Algunos rollos tenían rodillos de madera para facilitar su enrollamiento.

EL IMPERIO ROMANO EN JUDEA DURANTE EL SIGL

El Imperio romano era la mayor estructura política y social de Occidente. Su poder duró desde aproximadamente el 27 A.C. hasta el 395 A.D., cuando creció demasiado para ser gobernado por un solo poder central. Se dividió en este y oeste. En los tiempos del nacimiento de Jesús, incluía partes de Oriente Medio, el norte de África, Grecia, Italia, España, Francia y algunas partes de las actuales Austria, Suiza y Alemania.

Judea era una provincia romana que incluía Judea, Samaria e Idumea y otras partes de los antiguos reinos de Israel. En la época de Jesús, la provincia estaba gobernada por un prefecto romano, algo así como un gobernador. Con el paso del tiempo, el liderazgo y los títulos cambiaron.

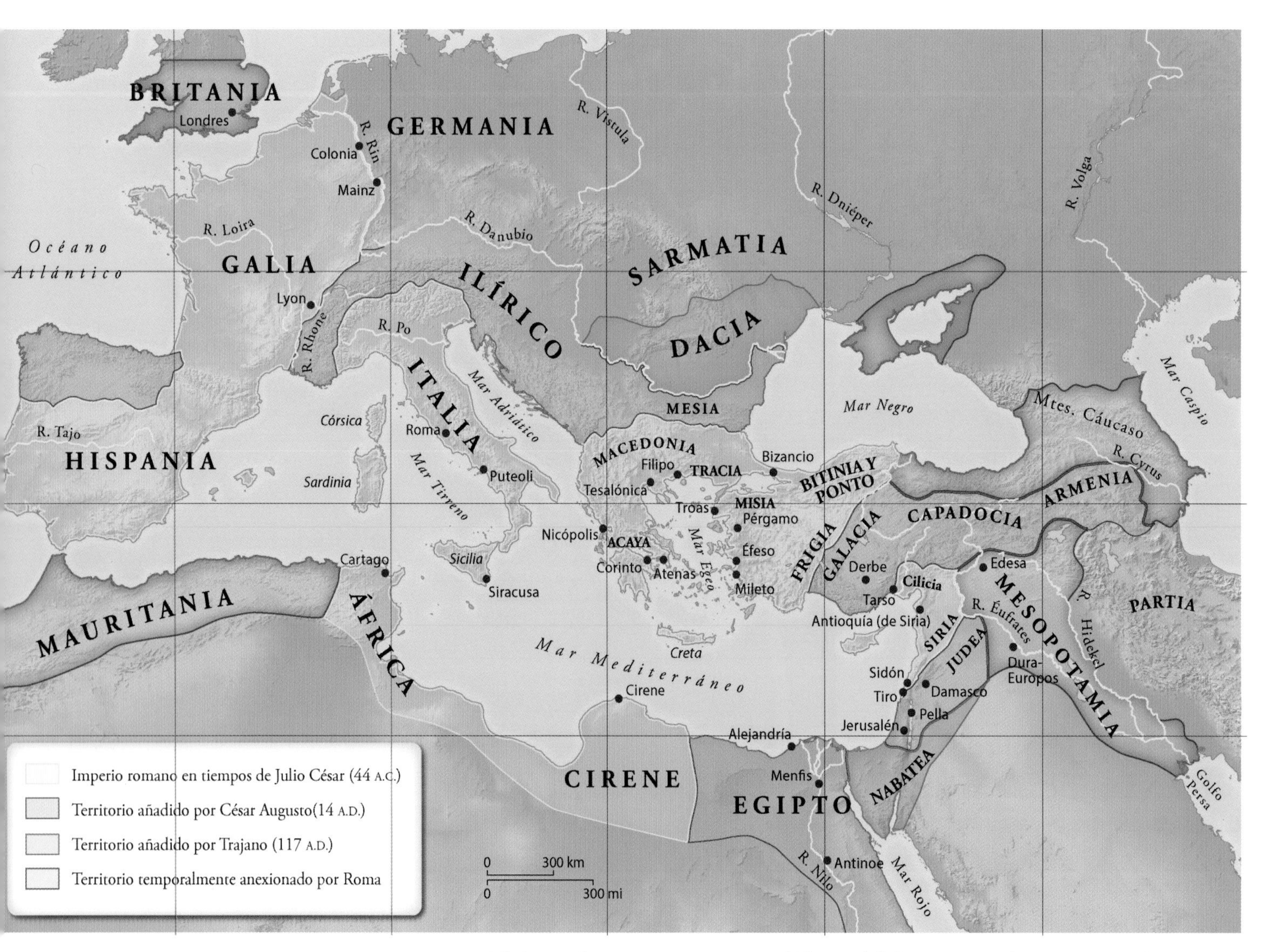

▲ *El Imperio romano se expandió muchísimo entre el 100 A.C. y el 150 A.D.*

PRIMERO A.D.

JERUSALÉN

Los romanos invadieron Jerusalén en el 63 A.C. La Jerusalén del siglo I A.D. era como otras ciudades romanas. Tenía un teatro y un hipódromo donde se celebraban carreras de carros. En la época de Jesús, el templo que Herodes reconstruyó se encontraba en el monte del Templo. Más tarde, los judíos se rebelarían contra el dominio romano, y el templo sería destruido. Nunca se reconstruiría.

LOS PRIMEROS CRISTIANOS Y LA PROPAGACIÓN DEL CRISTIANISMO

El cristianismo se extendió rápidamente en parte porque a los maestros les era muy fácil viajar por las calzadas romanas. La religión también pudo haber atraído a los no judíos que los apóstoles conocieron cuando se flexibilizaron algunas reglas sobre dieta y limpìeza.

LOS JUDÍOS EN LA ÉPOCA ROMANA

En su mayor parte, los judíos vivían en paz en todo el Imperio romano. Se les permitía adorar como quisieran en Roma y en Judea. Sin embargo, en Judea, con frecuencia los gobernadores eran insensibles a las costumbres judías. El pueblo también tenía que pagar altos impuestos al Imperio romano y al rey Herodes. Esto provocaba pobreza, hambre y deuda. Por eso Jesús hablaba a menudo de estos temas. El pueblo judío estaba listo para un líder que le mostrara amor y cuidado. En ese momento, muchos judíos de Judea eran probablemente agricultores. La mayoría de las familias judías trabajaban para mantenerse. Sin embargo, gracias a las rutas comerciales, también había comerciantes artesanos, médicos y líderes religiosos y empresariales.

MARÍA Y JOSÉ

La Biblia no dice mucho sobre los padres de Jesús, María y José. No sabemos cómo se conocieron, qué edad tenían cuando nació Jesús ni cómo murieron. Estos hechos no son los más importantes para la historia.

Sabemos que María estaba comprometida para casarse con José cuando el ángel Gabriel se le apareció y le dijo que daría a luz a Jesús, el hijo de Dios.

Cuando José supo que María estaba embarazada, decidió divorciarse de ella. Un ángel se le apareció a José en un sueño y lo convenció de que el bebé que ella llevaba era el Hijo de Dios. José aceptó su papel como padre terrenal de Jesús.

Se menciona a María a lo largo de la vida de Jesús. Ella lo busca cuando está enseñando en el templo y está presente en la crucifixión.

¡UNA PISTA!

¿Cuál era la profesión de José?

– Lee: Mateo 13.55 –

«¿No es acaso el hijo del carpintero? ¿No se llama su madre María; y no son sus hermanos Jacobo, José, Simón y Judas?».

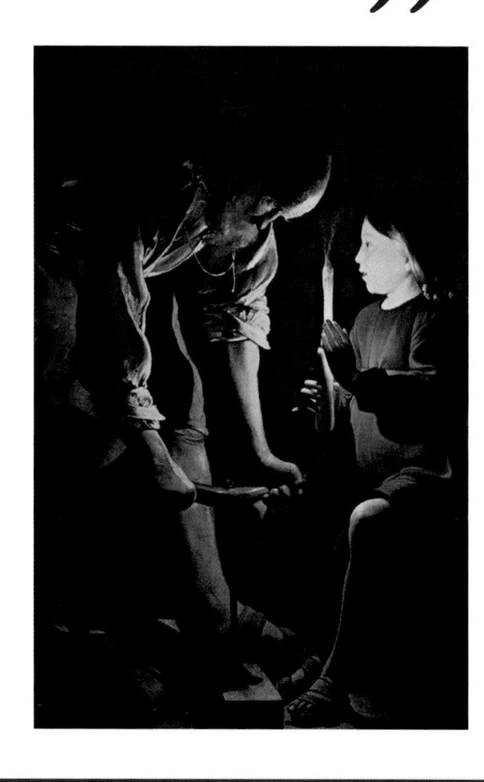

¿Lo sabías?

El desposorio era un acuerdo financiero entre un hombre y una mujer. Normalmente duraba un año. A menudo, los matrimonios estaban preparados y el hombre y la mujer no se conocían antes del compromiso. Ese era el tiempo que tenían para conocerse y preparar su nuevo hogar.

UNA COSA MÁS

José es el único a través del cual se traza el árbol genealógico de Jesús. Era importante mostrar que el rey David estaba en el árbol genealógico de Jesús. Uno de los títulos de Jesús es «Hijo de David». En la Biblia, la lista de descendientes siempre comienza con los varones. La lista de Jesús incluye los nombres de varias mujeres, lo cual era inusual para la época.

◀ *Un salterio del siglo XII muestra el árbol genealógico de Isaí, que incluye al rey David y termina con Jesús.*

PALABRA(S) CLAVE

El anuncio del ángel Gabriel a María de que daría a luz al Hijo de Dios se conoce como la *Anunciación*. En términos generales, por *anunciación* se entiende «un acto o instancia de anuncio o proclamación». Pero esta palabra se usa más a menudo en referencia a María. Muchos cristianos observan la Fiesta de la Anunciación. Muchas obras de arte muestran este acontecimiento. De hecho, se han creado tantas que, a veces, cuando una obra de arte representa la anunciación, se la llama una Anunciación.

LOS PRIMEROS VISITANTES DE JESÚS: LOS PASTO

Tras su nacimiento, Jesús tuvo algunos visitantes inesperados.

Un grupo de magos (sabios) llegó a Belén siguiendo una estrella.

Un ángel se apareció a un grupo de pastores que cuidaban sus ovejas en el campo. Los pastores vivían con sus rebaños porque necesitaban protección y cuidado constante. Los pastores no eran muy bien considerados, pero eran muy necesarios para la marcha de la nación. Solían ser sucios y rudos, y normalmente no serían bienvenidos como visita en un nacimiento. Dejaron sus ovejas y se apresuraron a la ciudad para ver al bebé del que les habían hablado los ángeles.

Ocho días después del nacimiento de Jesús, sus padres lo presentaron en el templo de Jerusalén. Mientras estaba en Jerusalén, un hombre llamado Simeón buscó al bebé. El Espíritu Santo le había revelado a Simeón que no moriría antes de que el Mesías viniera al mundo. Simeón sostuvo al niño Jesús en sus brazos y alabó a Dios por cumplir su promesa.

Una profetisa llamada Ana vivía en el templo, donde adoraba, ayunaba y oraba. Cuando vio a Jesús y a sus padres, también dio gracias a Dios y les decía a todos que este era el Hijo prometido de Dios.

¡UNA PISTA!!

¿Dónde encontraron los sabios (magos) a Jesús?

– Lee: Mateo 2:11–

«Cuando llegaron a la casa, vieron al niño con María, su madre; y postrándose lo adoraron. Abrieron sus cofres y le presentaron como regalos oro, incienso y mirra».

UNA COSA MÁS

En la Biblia, los ángeles son a menudo mensajeros de Dios. Traen noticias sobre los planes de Dios, como se las trajeron a María, José y los pastores. La palabra hebrea para ángel significa «mensajero».

PALABRA(S) CLAVE

La palabra que traducimos como *sabios* viene de la palabra latina *magus*, que podría referirse a un mago o hechicero. También se refiere a un sacerdote de la religión zoroastriana de la antigua Persia. Los sabios que viajaron desde Oriente para ver a Jesús eran muy probablemente sacerdotes o astrólogos, personas con estudios para interpretar la posición de los planetas y las estrellas. Los sabios, o magos, se representan a menudo como tres reyes, aunque en la Biblia no hay ninguna mención de su número, y no eran reyes. Habrían viajado con una gran caravana para cargar con los regalos y otras provisiones, como tiendas y comida.

¿Lo sabías?

Varias de las personas más importantes de la Biblia sirvieron como pastores en algún momento de sus vidas: Abel, Moisés, Abraham, Isaac, Jacob, Esaú, Raquel, Aarón, David y Amós. A Jesús se le conoce como «el Buen Pastor». Juan el Bautista llamó a Jesús «el Cordero de Dios».

HERODES EL GRANDE

Herodes el grande era descendiente de Esaú, el hermano de Jacob. Se le consideraba judío, aunque no practicara su fe. Los romanos, que gobernaban Judá (norte de Israel) en tiempos de Jesús, lo declararon «Rey de los judíos». Los judíos devotos no aprobaban su lujoso estilo de vida y su brutal gobierno. Mataba a cualquiera que se le opusiera.

Cuando los sabios pasaron por Jerusalén siguiendo la estrella, preguntaron: «¿Dónde está el que ha nacido rey de los judíos?» (Mateo 2.2). Esto perturbó mucho a Herodes porque quería ser el único rey. Pidió a los maestros de la ley judía que comprobaran lo que buscaban los sabios. Lo hicieron, citando al profeta Miqueas, que había dicho que el niño nacería en Belén.

Herodes pidió a los sabios que le informaran después de encontrar al niño. Les dijo que quería adorar al nuevo rey. Pero estos fueron advertidos en un sueño de que Herodes no pretendía nada bueno. Tras encontrar al niño Jesús, regresaron a su país por otra ruta.

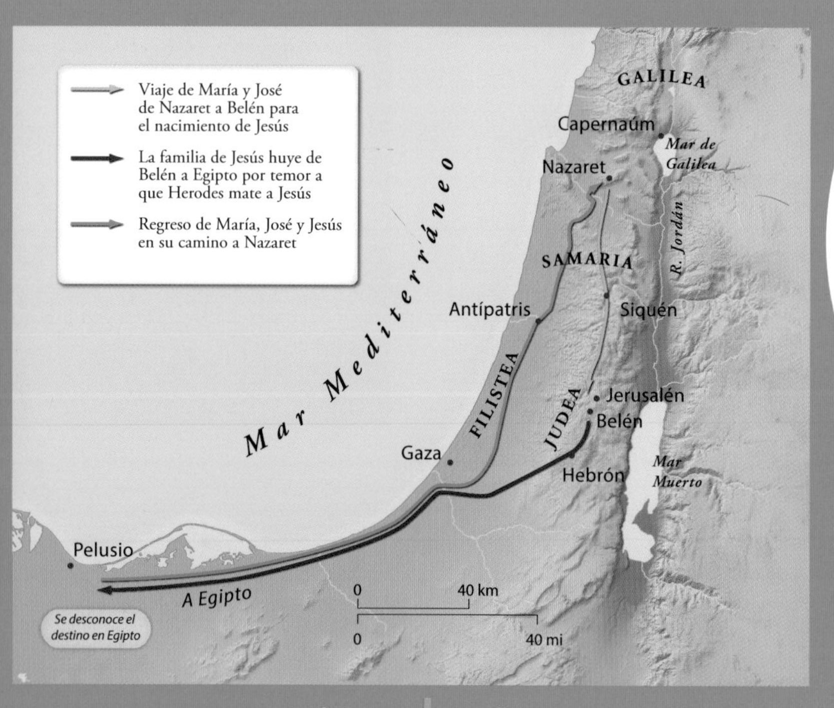

¿Lo sabías?

Herodes estaba furioso porque los sabios lo habían engañado. Ordenó matar a todos los niños varones de Belén menores de dos años. Creía que así se libraría de cualquier posibilidad de que un nuevo rey ocupara su lugar. Pero José, María y Jesús huyeron a Egipto, donde vivieron hasta que Herodes murió.

¡UNA PISTA!

¿Quién más, aparte de Herodes, estaba preocupado por que los sabios vinieran a visitar al recién nacido rey de los judíos?

– Lee: Mateo 2.3 –

«Cuando lo oyó el rey Herodes, se turbó, y toda Jerusalén con él».

◀ *Maqueta del palacio de Herodes en Jerusalén. Aquí es donde Jesús se presentó ante Herodes Antipas.*

PALABRA(S) CLAVE

Quita las dos últimas consonantes del nombre de Herodes y tendrás una pista de lo que significa. El nombre Herodes significa «héroe», así como «guerrero» o «canción del héroe».

UNA COSA MÁS

Herodes el Grande supervisó la reconstrucción del segundo templo de Jerusalén. Este se convirtió en uno de los templos más grandes y elegantes del mundo antiguo. Sin embargo, también construyó templos para la adoración de dioses y gobernantes paganos, incluido el emperador Augusto. Jesús enseñaba a menudo en el templo.

JUAN EL BAUTISTA

Un sacerdote llamado Zacarías y su esposa, Elisabet, querían un hijo, pero eran demasiado mayores para tenerlo. El ángel Gabriel se le apareció a Zacarías y le dijo que Elisabet daría a luz un hijo. Este niño crecería para ser santo y preparar al pueblo para la llegada del Mesías. Nació el bebé y Zacarías le puso de nombre Juan, como Gabriel le había dicho.

Juan comenzó su ministerio en el desierto preparando el camino para Jesús. Le decía a la gente que el Mesías llegaría pronto, tal como habían dicho otros profetas. Le decía al pueblo que se apartara del pecado y se preparase para la venida del Mesías. A los que creían en lo que decía los bautizaba. Pero algunos se enojaron por el mensaje de Juan y buscaban cómo matarlo.

Juan comprendió quién era Jesús en el momento en que lo vio. Jesús le pidió a Juan que lo bautizara con agua del río Jordán, y lo hizo.

Los enemigos de Juan encontraron más tarde una forma de matarlo. Jesús estaba profundamente afligido por la muerte de su amigo y primo.

Juan eligió una vida sencilla en el desierto, predicando sobre la venida de Jesús.

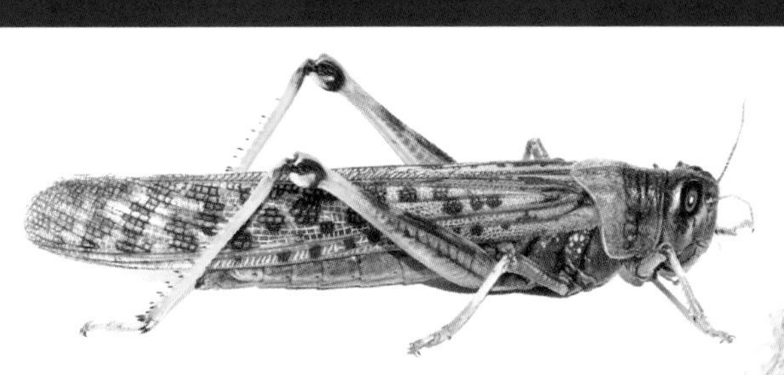

¡UNA PISTA!

¿Cómo se vestía Juan y qué comía?

– Lee: Mateo 3.4 –

«La ropa de Juan estaba hecha de pelo de camello. Llevaba puesto un cinturón de cuero y se alimentaba de langostas y miel silvestre».

PALABRA(S) CLAVE

Mesías procede de la palabra hebrea *mashiach*, que significa «Mesías» o «ungido». La palabra griega para Mesías es *Christos*, o «Cristo». Los profetas ungían a un nuevo rey con aceite como señal de que había sido elegido por Dios.

UNA COSA MÁS

Herodes (no Herodes el Grande) quería matar a Juan el Bautista porque lo había criticado por hacer algo malo. Herodes temía a los seguidores de Juan, así que lo metió en la cárcel. Más adelante, Juan fue decapitado a petición de la hija (o posiblemente hijastra) de Herodes. Ella le impresionó bailando para él en su fiesta de cumpleaños. Él le dijo que pidiera lo que quisiera. A instancias de su madre, pidió la cabeza de Juan el Bautista en una bandeja.

¿Lo sabías?

Antes del cristianismo, muchas religiones han utilizado el agua como símbolo de la limpieza del alma. El bautismo era a menudo un requisito para que alguien pudiera entrar en un culto o en un lugar santo. Hoy en día, los cristianos son bautizados como señal de que pertenecen a Jesucristo. Bautizar significa «sumergir». Algunas iglesias creen que cuando se bautiza a alguien hay que sumergirlo totalmente en agua, mientras que, en otras, se vierte el agua sobre su cabeza.

JESÚS

No sabemos mucho sobre cómo creció Jesús, pero podemos imaginar que fue similar a los otros niños judíos de la época. Sabemos que su padre, José, era carpintero. Es posible que tuviera hermanos y hermanas, aunque no todos los creyentes están de acuerdo en esto.

Para los que creían que Jesús era el hijo de Dios, él era el Mesías prometido del que los profetas habían hablado miles de años antes de su nacimiento. Los que no creían, lo consideraban a menudo como un maestro religioso que provocaba malestar entre el pueblo.

UNA COSA MÁS

Josefo, un historiador judeorromano que nació alrededor de la época en que murió Jesús, escribió sobre él. Dijo: «En este tiempo existió un hombre de nombre Jesús. Su conducta era buena y era considerado virtuoso. Muchos judíos y gente de otras naciones se convirtieron en discípulos suyos [...] creían que era el Mesías, sobre el cual los profetas han relatado maravillas».

¡UNA PISTA!

¿Quién llevó a Jesús al desierto al principio para ser tentado?

– Lee: Lucas 4.1 –

«Jesús, lleno del Espíritu Santo, volvió del Jordán y fue llevado por el Espíritu al desierto».

PALABRA(S) CLAVE

Jesús es nuestra traducción de un nombre griego que a su vez viene del nombre arameo *Yeshua*. El nombre *Josué* también procede de este nombre. A grandes rasgos, significa «el Señor es salvación». Cristo procede de la palabra griega *Christos*. Es una traducción de la palabra hebrea *Masiah*, que significa «Ungido». Así que a Jesús se le llama el Cristo porque se cree que es el Mesías prometido del pueblo hebreo.

◀ *Monograma de Chi Rho. Chi y Rho son las dos primeras letras de la palabra griega Christos.*

¿Lo sabías?

Según la Biblia, estos son algunos acontecimientos de la vida de Jesús:

- A los 12 años, sus padres lo pierden en una visita al templo de Jerusalén y luego lo encuentran hablando con los expertos religiosos.
- Es bautizado en el río Jordán por Juan el Bautista, pariente suyo.
- Pasa cuarenta días y noches en el desierto, y es tentado por el diablo.
- A los 30 años, Jesús comienza su ministerio público y reúne a sus discípulos.
- Jesús realizó milagros como curar enfermedades y echar fuera demonios.
- Jesús cuenta historias llamadas parábolas que enseñan a las personas cómo tratarse unos a otros.
- A los 33 años, Jesús es traicionado por Judas, uno de sus discípulos.
- Jesús es llevado ante oficiales judíos y romanos y sentenciado a muerte.
- Es crucificado y muere.
- Jesús resucita de entre los muertos y se aparece a algunos discípulos.
- Jesús asciende al cielo.

GALILEA

Gran parte del ministerio público de Jesús se realizó alrededor del mar de Galilea, ahora conocido como lago Kinneret. En sus orillas, Jesús llamó a cuatro de sus discípulos. En los pueblos de alrededor, enseñó y transformó a la gente. Y en la superficie de sus aguas hizo milagros.

ESTILO DE AZULEJOS

La región de Galilea alberga algunos bellos mosaicos de azulejos de los primeros cristianos de Magdala, como el que se muestra a continuación.

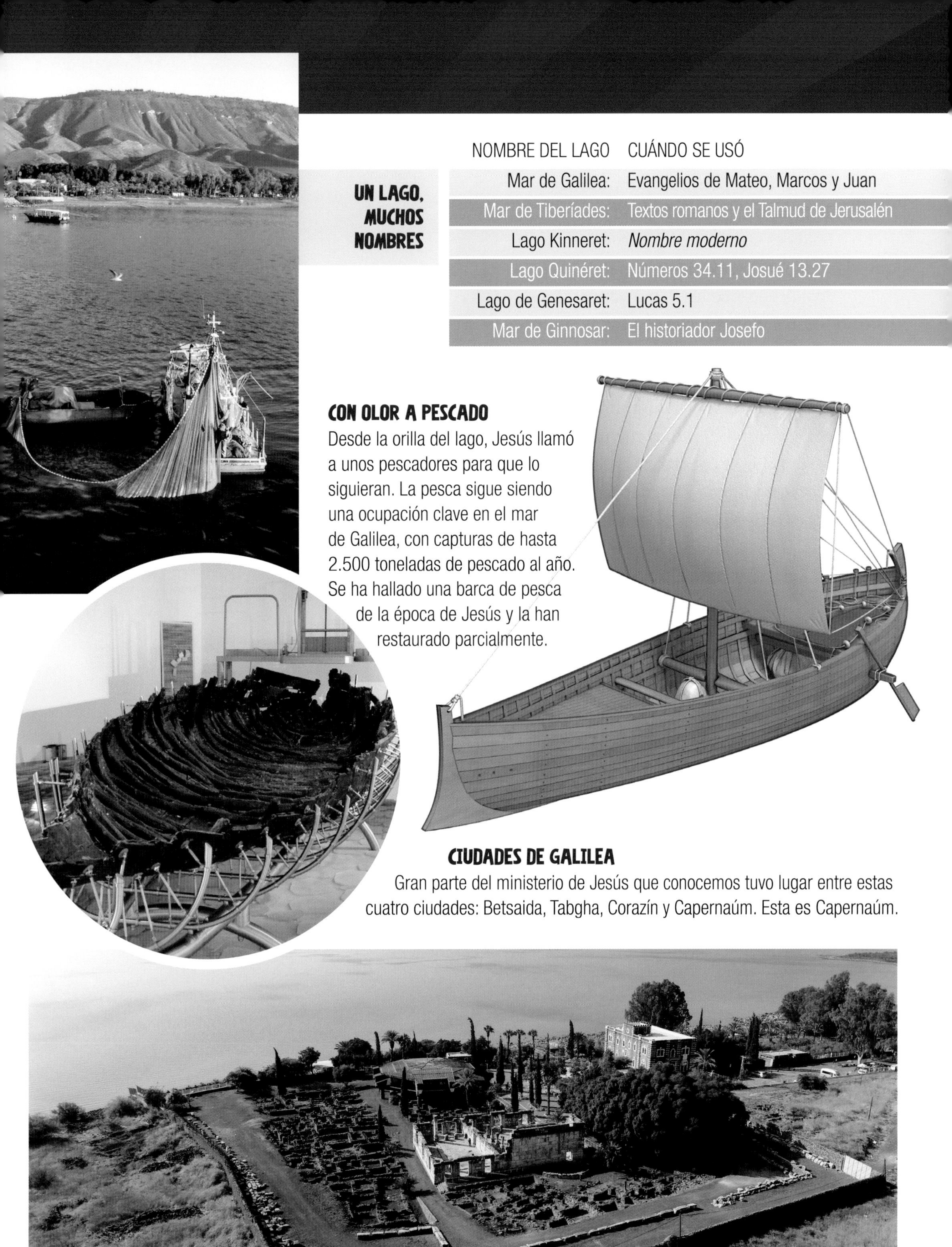

UN LAGO, MUCHOS NOMBRES

NOMBRE DEL LAGO	CUÁNDO SE USÓ
Mar de Galilea:	Evangelios de Mateo, Marcos y Juan
Mar de Tiberíades:	Textos romanos y el Talmud de Jerusalén
Lago Kinneret:	*Nombre moderno*
Lago Quinéret:	Números 34.11, Josué 13.27
Lago de Genesaret:	Lucas 5.1
Mar de Ginnosar:	El historiador Josefo

CON OLOR A PESCADO

Desde la orilla del lago, Jesús llamó a unos pescadores para que lo siguieran. La pesca sigue siendo una ocupación clave en el mar de Galilea, con capturas de hasta 2.500 toneladas de pescado al año. Se ha hallado una barca de pesca de la época de Jesús y la han restaurado parcialmente.

CIUDADES DE GALILEA

Gran parte del ministerio de Jesús que conocemos tuvo lugar entre estas cuatro ciudades: Betsaida, Tabgha, Corazín y Capernaúm. Esta es Capernaúm.

LOS DOCE DISCÍPULOS

Al principio del ministerio de Jesús, eligió a doce personas para formar un equipo especial. Todo el que sigue a Jesús es su discípulo, pero estos que él eligió son conocidos como los Doce Discípulos. A veces se les llama «apóstoles». Estos hombres viajaron con él a todas partes y aprendieron de primera mano todo lo que Jesús tenía que enseñar sobre su Padre. Esto fue para que después pudieran seguir enseñando y compartiendo el mensaje.

Los discípulos eran Simón (Pedro), Andrés, Jacobo (hijo de Zebedeo), Juan, Felipe, Tadeo (Judas), Bartolomé (Natanael), Tomás, Jacobo, Mateo (Leví), Simón (el Zelote) y Judas Iscariote. Varios eran pescadores, uno era recaudador de impuestos y otro era ladrón.

Durante su ministerio en la tierra, Jesús tuvo muchos otros discípulos, también mujeres. En el libro de Lucas, Jesús pidió a setenta seguidores que difundieran la palabra de Dios de pueblo en pueblo. Por medio de los discípulos, el mensaje de Jesús de la buena nueva del evangelio comenzó a abrirse camino en el mundo.

¿Lo sabías?

Simón, a quien Jesús le cambió el nombre por Pedro, se menciona casi 200 veces, el doble que el resto de los discípulos juntos. Fue el primero en reconocer a Jesús como el Hijo de Dios. Intentó andar sobre el agua durante una tormenta, negó a Jesús después de su juicio, y fue el primero de los doce en entrar en su tumba vacía la primera mañana de Pascua. Después de su resurrección, Jesús se apareció a los discípulos en la playa y le dijo a Pedro que apacentara sus ovejas (Juan 21.15–29). Pedro fue el primer líder de la iglesia primitiva.

▲ *Los discípulos se preparan para salir a difundir el evangelio. Judas ha sido reemplazado por Matías.*

UNA COSA MÁS

Después de la muerte de Judas, lo sustituyó un nuevo apóstol, pero no fue hasta después de que Jesús resucitara. Los otros discípulos oraron sobre el asunto en el aposento superior de la casa donde se reunieron. Escogieron tres hombres y echaron a suertes cuál de ellos sería el siguiente discípulo. Salió elegido Matías.

¡UNA PISTA!

¿Cuáles de los discípulos eran hermanos?

– Lee: Mateo 4.18–21 –

«Mientras caminaba junto al mar de Galilea, Jesús vio a dos hermanos: uno era Simón, llamado Pedro, y el otro Andrés. Estaban echando la red al lago, pues eran pescadores [...]. Más adelante vio a otros dos hermanos: Jacobo y Juan, hijos de Zebedeo, que estaban con su padre en una barca remendando las redes».

PALABRA(S) CLAVE

La palabra *discípulo* viene del griego *mathetes*, que significa «alumno», «estudiante», «uno que aprende». La palabra *disciplina* procede de este mismo término griego. *Apóstol* significa «uno que es enviado», porque reciben el poder de aquel que los envía.

◀ *Un rabino y sus alumnos. (Detalle de representación artística).*

LÁZARO, MARÍA Y MARTA

Lázaro y sus dos hermanas, María y Marta, vivían en un barrio de las afueras de Jerusalén llamado Betania. La familia consideraba a Jesús un buen amigo y los recibía a él y a los discípulos en su casa. Era un gran honor tener a Jesús, un respetado rabino y maestro, en su casa.

Las dos hermanas eran muy diferentes entre sí. La Biblia nos cuenta que en una ocasión María no quería perderse ni una palabra de Jesús. Mientras él hablaba, ella se sentó a sus pies, donde se sentaban los hombres.

Marta no se sentó, sino que se ocupó de preparar la comida y de que sus invitados se sintieran bienvenidos. Le enojó ver a María sentada en lugar de ayudar. Se quejó a Jesús, quien le dijo que no se preocupara tanto. Escuchar la palabra de Dios era una elección mejor.

En otra historia, Lázaro se enfermó gravemente. María y Marta le enviaron un mensaje a Jesús para que viniera de inmediato. Cuando llegó a Betania, dos días después, Lázaro había muerto.

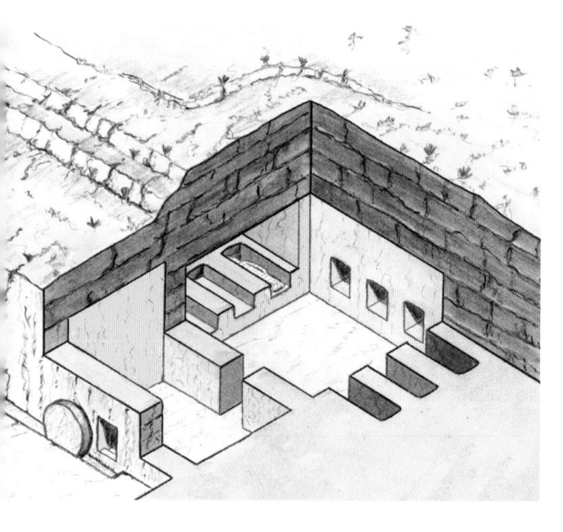

Entristecidas, las hermanas fueron con Jesús a las puertas de la tumba de Lázaro.

Jesús estaba triste como ellas y lloró. Entonces dijo: «Yo soy la resurrección y la vida». Ordenó a Lázaro que saliera de la tumba. Para sorpresa de todos, Lázaro, aún envuelto en sus vendas funerarias, salió.

UNA COSA MÁS

Lázaro no fue la única persona a quien Jesús resucitó de la muerte. Resucitó al hijo de una viuda (Lucas 7.11–15) y a la hija de Jairo (Lucas 8.55). Los profetas del Antiguo Testamento Elías y Eliseo trajeron a varias personas de vuelta de la muerte. Y Pedro resucitó a Dorcas (Tabita) después de Pentecostés (Hechos 9.36–43).

▶ *Jesús y la hija de Jairo.*

PALABRA(S) CLAVE

A Jesús se le llama a menudo *maestro* o *rabino*. En hebreo, un rabino es aquel que está formado para enseñar la ley judía. Jesús, que era judío, aprendió sobre la ley en su infancia yendo al templo. El de rabino era un puesto respetado, y llamar a Jesús «rabino» mostraba el poder que tenía a la vista de la gente.

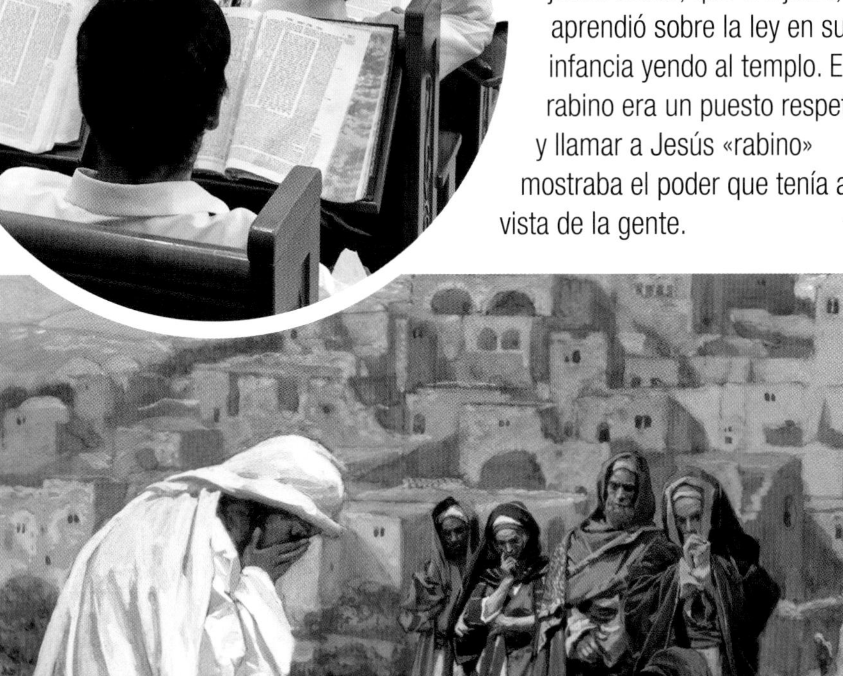

¿Lo sabías?

En el primer siglo, la mayoría de la gente no era enterrada en tumbas ni incinerada. Los cuerpos se cubrían con ungüentos conservantes y se envolvían con telas. Los colocaban en cuevas cavadas en paredes de roca o hechas de piedra. Una gran piedra cubría la entrada.

Después de un año más o menos, los miembros de la familia volvían a la tumba. Colocaban los huesos del difunto en una caja de piedra (llamada «osario»), que se guardaba en la tumba familiar junto con otros osarios. La tumba de Lázaro habría sido muy similar a donde se colocó el cuerpo de Jesús después de su muerte.

¡UNA PISTA!

¿Cómo respondió Jesús cuando supo que Lázaro había muerto?

– Lee: Juan 11.35 –

«Jesús lloró».

PEDRO

Pedro nació en Betsaida, en la costa norte del mar de Galilea. Era un pescador y vivía en el pueblo de Capernaúm. En aquel entonces se llamaba Simón, hijo de Jonás.

Un día, Jesús estaba enseñando por aquella zona. Le pidió al dueño de una barca de pesca que lo llevara al agua para poder dirigirse a la multitud. Era la barca de Pedro. Después de escuchar a Jesús y ver un milagro, Pedro y otros pescadores, incluido Andrés, el hermano de Pedro, dejaron su trabajo y siguieron a Jesús.

Pedro fue uno de los amigos más íntimos de Jesús. Cuando Pedro caminó sobre el agua, fue hacia Jesús. Fue testigo de cómo Jesús devolvió a una joven a la vida. Pedro también fue el primer discípulo en declarar que Jesús es el Hijo de Dios. Sin embargo, Pedro también es recordado por negar tres veces, antes de la crucifixión, que era seguidor de Jesús.

Pedro se convirtió en uno de los líderes de la iglesia primitiva.

UNA COSA MÁS

En la Biblia hay dos cartas de Pedro. Primera y Segunda de Pedro tienen palabras de consejo para los creyentes de lo que ahora es el oeste de Turquía. Muchos estudiosos dudan que los escribiera Pedro, ya que el lenguaje es demasiado refinado para un pescador común. Es posible que un amigo con más estudios lo haya ayudado.

◄ *Letra P iluminada al principio de 1 Pedro en la Biblia Latina de 1417* A.D.

► *La Basílica de San Pedro es una de las iglesias más reconocibles del mundo y es donde la tradición dice que está enterrado Pedro.*

¡UNA PISTA!

¿A quién hirió Pedro durante un conflicto con un oficial en Getsemaní?

– Lee: Juan 18.10 –

«Simón Pedro, que tenía una espada, la desenfundó e hirió al siervo del sumo sacerdote, cortándole la oreja derecha. (El siervo se llamaba Malco)».

¿Lo sabías?

Como otros cristianos de la época, Pedro fue perseguido y finalmente asesinado por los romanos. Lo crucificaron. Pero, como se sentía indigno de morir de la misma manera que su Señor, pidió ser crucificado al revés.

PALABRA(S) CLAVE

Jesús le cambió el nombre a Pedro porque iba a ser la piedra sobre la que construiría su iglesia. *Pedro* viene del nombre griego *Petros*, que significa «roca». Su nombre en arameo, el idioma de los días de Jesús, era *Cefas*, que significa más o menos «roca» o «piedra».

JERUSALÉN

Se han hecho algunos descubrimientos asombrosos en la actual Jerusalén. Por ejemplo, los arqueólogos han hallado pruebas de un asentamiento de 7.000 años de antigüedad. Jerusalén ha recibido muchos nombres, como Jerusalén, Salén, Jebús y Moria. El nombre de Jerusalén se utiliza por primera vez en el libro de Josué.

MONTE DE LOS OLIVOS

Un importante accidente geográfico, el monte de los Olivos, también juega un gran papel en la Biblia. Zacarías profetizó sobre él, Ezequiel tuvo una visión sobre él, David huyó de allí, y Jesús lo cruzaba para ir Betania. Jesús descansó, enseñó y oró entre sus olivos. Después de la Última Cena, Jesús y sus discípulos fueron a orar al huerto de Getsemaní. Se ha descubierto que algunos de los olivos de Getsemaní tienen 1.000 años.

▶ *Hoy se asienta en el monte del Templo la Cúpula de la Roca, una mezquita musulmana, y su cima dorada destaca en la silueta de Jerusalén.*

EL MONTE DEL TEMPLO

El rey Salomón construyó el primer templo en el lugar donde Abraham trajo a Isaac para ser sacrificado, el monte Moria. Tras la destrucción del templo de Salomón, el rey Herodes construyó el segundo templo en el mismo lugar.

MUROS Y PUERTAS

Las murallas originales que rodean la Ciudad Vieja eran para protección. Hoy en día, las murallas tienen casi cinco kilómetros de largo y alcanzan hasta quince metros en el punto más alto.

◀ *Parte de la muralla que rodeaba el segundo templo estaba en pie desde antes de que Jesús naciera. Reconocido como la única porción sobreviviente del templo, los judíos respetan el Muro Occidental, o de las Lamentaciones, como un lugar de culto, oración y peregrinación.*

PONCIO PILATO

Poncio Pilato era el gobernador romano a cargo de Judea, la parte sur de Israel, en la época de Jesús.

Los líderes judíos se sentían amenazados por las enseñanzas de Jesús. Arrestaron a Jesús y lo llevaron ante Pilato, pidiendo que lo ejecutaran. Solo Pilato tenía el poder de condenar a Jesús a la muerte. Después de interrogar a Jesús en su juicio, eso fue lo que hizo Pilato.

A Pilato no le preocupaba lo que Jesús enseñaba. Pero le preocupaba mantener la ley y el orden. Pilato le preguntó a Jesús si los cargos en su contra eran verdad, pero Jesús no respondió.

Durante la fiesta de la Pascua, el gobernador podía liberar a un prisionero. Pilato preguntó a la multitud furiosa que se había reunido si querían que liberara a Jesús o a un conocido criminal llamado Barrabás. Eligieron a Barrabás.

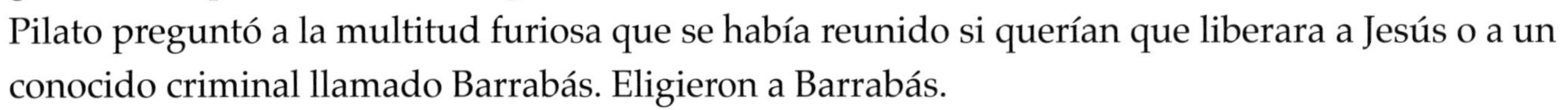

Pilato le preguntó a la multitud qué debía hacer con Jesús. Ellos respondieron, «¡Crucifícalo». Pilato no creía que Jesús fuera culpable. Podría haberlo liberado, pero temía a las multitudes furiosas. Liberó a Barrabás y les entregó a Jesús a los soldados para prepararlo para la crucifixión.

PALABRA(S) CLAVE

Crucificar viene de la palabra, *crux*, que significa «cruz». La crucifixión era un castigo para matar a personas, normalmente a los criminales. Esta horrenda forma de castigo fue abolida en el siglo IV A.D., después de que el emperador Constantino se convirtiera al cristianismo. Después de eso, se convirtió en un símbolo de la fe cristiana, ya no como un instrumento de muerte, sino como representación del sacrificio y la resurrección de Jesús.

¿Lo sabías?

En los tiempos de Jesús, Israel era una nación conquistada bajo el dominio del Imperio romano. Los romanos elegían gobernantes para sus territorios y exigieron que todos en el Imperio vivieran bajo la ley romana, aplicada por los militares. La gente tenía que pagar impuestos para sostener al gobierno. Todos odiaban a los recaudadores de impuestos. Los judíos creían que su gobernante era Dios, no los romanos.

UNA COSA MÁS

La inscripción de Pilato es una talla de piedra caliza hallada en el enclave arqueológico de Cesarea Marítima, en Israel, en 1961. La piedra es del primer siglo y tiene tallado el nombre «Poncio Pilato». La información de la piedra confirma algo de lo que la Biblia dice sobre la vida de Poncio Pilato. La inscripción de Pilato se encuentra ahora en el Museo de Israel en Jerusalén, pero hay copias en Milán, Italia, así como en Cesarea Marítima.

¡UNA PISTA!

¿Quién advirtió a Pilato de no hacer daño a Jesús porque era un hombre inocente?

– Lee: Mateo 27.19 –

«Mientras Pilato estaba sentado en el tribunal, su esposa le envió el siguiente recado: "No te metas con ese justo, pues, por causa de él, hoy he sufrido mucho en un sueño"».

JUDAS ISCARIOTE

Jesús eligió a dos discípulos llamados Judas: Judas, hijo de Jacobo, y Judas Iscariote. No se sabe mucho sobre el primer Judas. Pero el segundo será recordado como el discípulo que traicionó a Jesús.

Según el Evangelio de Juan, Judas era el tesorero de los discípulos. Llevaba la cuenta de la bolsa de dinero donde guardaban sus fondos. Judas protestó cuando María, la hermana de Marta y Lázaro, en un acto de bondad, derramó un perfume caro a los pies de Jesús. Judas dijo que era un despilfarro. El Evangelio de Juan nos dice que Judas era un ladrón que realmente no se preocupaba por los pobres, sino que quería el dinero para sí mismo.

Jesús sabía que Judas lo iba a traicionar, pero lo invitó a participar en la Última Cena. Esa noche, Judas llevó a los soldados al huerto de Getsemaní, donde Jesús estaba orando. Allí, Judas identificó a Jesús ante las autoridades y Jesús fue arrestado.

Judas recibió treinta piezas de plata como pago por entregar a Jesús a las autoridades para poder arrestarlo en secreto y no delante de la multitud.

¡UNA PISTA!

¿Qué señal dio Judas para indicar que Jesús era el hombre al que las autoridades querían arrestar?

– Lee: Marcos 14.44–45 –

«El traidor les había dado esta contraseña: "Al que yo le dé un beso, ese es; arréstenlo y llévenselo bien asegurado". Tan pronto como llegó, Judas se acercó a Jesús.
—¡Rabí! —le dijo,
y lo besó».

UNA COSA MÁS

Durante la última comida que Jesús compartió con sus discípulos, conocida como la «Última Cena», los preparó para su inminente muerte. Les dijo que uno de ellos lo iba a traicionar. Los apóstoles estaban seguros de no ser ninguno de ellos, pero Jesús lo sabía. En el libro de Mateo, Jesús menciona a Judas, y en el de Juan indica que es Judas dándole un pedazo de pan.

PALABRA(S) CLAVE

Iscariote significa en hebreo «hombre de Kerioth», un pueblo de Palestina. A menudo se conocía a las personas por el pueblo del que venían. *Iscariote* ha llegado a usarse para referirse a alguien que es un traidor.

¿Lo sabías?

Judas se arrepintió de haber traicionado a Jesús. Intentó devolver las monedas de plata que le habían pagado, pero los jefes de los sacerdotes no lo aceptaron. En el judaísmo, la vida de la persona le pertenecía a Dios. El dinero recibido a cambio de una vida se llamaba «dinero de sangre» y se consideraba criminal.

SAULO

Saulo era un respetado líder judío del primer siglo. Odiaba a los cristianos. Creía que eran una amenaza para la fe judía e hizo todo lo posible para perseguirlos.

Un día, mientras viajaba a la ciudad siria de Damasco, lo envolvió una luz cegadora. Cayó al suelo cuando una voz fuerte le preguntó: «Saulo, Saulo, ¿por qué me persigues?». Saulo preguntó: «¿Quién eres, Señor?». La voz respondió: «Jesús», y le dijo a Saulo que fuera a la ciudad donde se le diría lo que debía hacer.

Saulo estaba ahora ciego, así que sus compañeros lo llevaron a Damasco. Dios ordenó a un discípulo llamado Ananías que buscara a Saulo y le hablara de Jesús. Algo parecido a escamas le cayó de los ojos. Ahora podía ver de nuevo, y creyó en Jesús. Fue bautizado y pasó varios días con los otros discípulos en Damasco proclamando que Jesús era el Hijo de Dios. Luego viajó a Jerusalén para unirse a los otros discípulos. Los cristianos de allí le tenían mucho miedo, pero Saulo acabó ganándose su confianza. Saulo comenzó a usar su nombre romano, Pablo. Se convirtió en misionero, viajando de país en país para predicar las buenas noticias de Jesús.

¿Lo sabías?

Saulo comenzó a usar su nombre romano, Pablo, cuando comenzó su ministerio con los gentiles. Era un nombre más familiar para los gentiles. Su estilo de trabajo con la gente era hacer que se sintieran cómodos, y ser abierto y accesible.

¡UNA PISTA!

Cuando Pablo comenzó su trabajo misionero otros trataron de perseguirlo por sus nuevas creencias. Una vez, cuando intentaron matarlo, ¿cómo le ayudaron a escapar los nuevos amigos de Pablo?

– Lee: Hechos 9.25 –

«Pero sus discípulos se lo llevaron de noche y lo bajaron en un canasto por una abertura en la muralla».

PALABRA(S) CLAVE

En griego, la palabra *perseguir* significa también «cazar». Los primeros cristianos fueron perseguidos por seguir a Jesús. Fueron literalmente cazados por personas que buscaban dañarlos o matarlos. Saulo se ganó la reputación de perseguidor de los cristianos, por lo que Ananías tenía mucho miedo cuando Dios le dijo que buscara a Saulo.

▶ *Los fariseos eran conocidos por añadir sus propias reglas (como dar el diezmo de las especias) que no estaban en la Biblia. Ver Mateo 23.23.*

UNA COSA MÁS

Los fariseos seguían estrictamente todas las leyes de la fe judía, y eran intolerantes con quienes desobedecían estas leyes. Jesús y los fariseos discrepaban a menudo. Él predicaba contra la mentalidad estrecha de los fariseos, que añadieron más reglas a las que Dios había dado a los judíos. Solo les importaba una apariencia externa de justicia, no un corazón sincero de adoración.

GRECIA Y MACEDONIA ANTIGUAS

Filipos era una ciudad del este de Macedonia. Filipos era una colonia romana y sus ciudadanos gozaban de privilegios, como el derecho al autogobierno y a vestirse y presentarse como romanos. Cuando el apóstol Pablo viajó allí, usó su ciudadanía romana para protegerse.

▲ *La Vía Egnatia era una de las principales calzadas romanas. Pablo viajó por esta vía.*

ATENAS

Atenas era la capital de Ática, una provincia griega. Pablo viajó a Atenas después de sus viajes al norte de allí por la Vía Egnatia. Cuando llegó a Atenas, se sorprendió por la cantidad de ídolos y templos a otros dioses que vio allí. Por tanto, predicó muchas veces en la sinagoga y en el mercado, enseñando sobre Cristo. Su discurso más largo y famoso mencionado en la Biblia (Hechos 17.16-34) tuvo lugar en el Areópago, la corte suprema de Atenas. Muchos han dado a este lugar el nombre de Colina de Marte, ya que en Grecia se llama así por Ares (en la mitología romana, Marte), el dios de la guerra.

▲ *Pablo fue encarcelado en Filipos después de expulsar un espíritu de una joven esclava. Después, convirtió al carcelero y a su familia al cristianismo.*

▲ *Cuando Pablo visitó Corinto, allí se adoraba a muchos dioses de diferentes religiones. Templo de Apolo, un dios griego y romano.*

CRETA

Creta es la mayor isla griega y una de las más grandes del Mediterráneo. Pablo dejó a su amigo Tito allí para predicar a la creciente población cristiana.

CORINTO

Corinto está en el sur de Grecia, a unos 80 kilómetros de Atenas. Corinto controlaba dos puertos y era un importante centro de comercio. Esto significa que muchos barcos de diferentes naciones viajaban por allí vendiendo y transportando mercancías. El apóstol Pablo viajó a Corinto después de haber predicado en Atenas. Es donde conoció a sus amigos Priscila y Aquila.

◀ *Representación artística de Atenas en el primer siglo.*

PABLO Y EL MISIONERO

Después de la conversión de Saulo, los cristianos lo acogieron rápidamente. Se ganó la reputación de ser un líder respetado y un incansable defensor de la fe cristiana. Viajaba constantemente, predicando de Jesús a lo largo y ancho del imperio.

Pablo juntaba a nuevos creyentes y establecía iglesias dondequiera que iba. Lo encarcelaron muchas veces por sus creencias, y sufrió en condiciones terribles, pero nada logró zarandear su fe.

Pablo escribió cartas a las iglesias que estableció, algunas mientras estaba en prisión. Estas se convirtieron más tarde en los libros del Nuevo Testamento, que llevan el nombre de las ciudades o regiones a las que escribió: Romanos, Corintios, Filipenses. Pablo escribió dos cartas a Timoteo, un joven con el que había trabado amistad. Sus cartas les enseñaban a los nuevos cristianos lo que significaba ser un seguidor de Cristo, respondían a preguntas y asuntos teológicos, trataban los conflictos y los animaban a estar firmes frente a la persecución. Estas cartas siguen guiando a los cristianos y a las iglesias de hoy.

PALABRA(S) CLAVE

Las cartas de Pablo en el Nuevo Testamento se llaman *epístolas*, que viene de la palabra griega *epistole*, que significa «noticias que se envían». Una epístola es una carta o mensaje. Un apóstol es un «mensajero que es enviado».

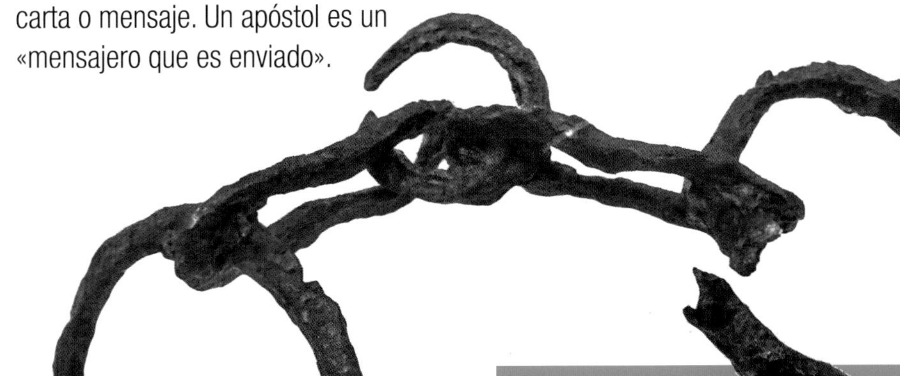

¡UNA PISTA!

¿Cómo se describe Pablo a sí mismo en el comienzo de muchas de sus cartas?

– Lee: Romanos 1.1 –

Pablo, siervo de Cristo, llamado a ser apóstol, apartado para anunciar el evangelio de Dios.

UNA COSA MÁS

Hechos de los Apóstoles lo escribió el mismo que escribió el Evangelio de Lucas. Más de la mitad de Hechos cuenta la historia de Pablo y sus viajes misioneros. Las epístolas o cartas de Pablo no se mencionan en Hechos.

¿Lo sabías?

Se cree que Pablo fue finalmente ejecutado por su fe, aunque esto no se cuenta en la Biblia, pero sí lo mencionan los historiadores de la iglesia primitiva. Sin Pablo, las buenas noticias sobre Jesús no se habrían difundido tan rápidamente.

PRISCILA Y AQUILA

En todos los lugares a los que Pablo viajó como misionero, ganó nuevos seguidores para la fe cristiana. En Corinto, Grecia, entabló amistad con una pareja judía, Priscila y Aquila, que había vivido anteriormente en Italia. Siendo judíos devotos en aquel entonces, se mudaron a Grecia cuando el emperador Claudio ordenó que todos los judíos salieran de Roma.

Priscila y Aquila trabajaban fabricando tiendas. Esto significa que probablemente eran artesanos de artículos de cuero. Pablo trabajaba con ellos durante la semana y les enseñaba sobre Jesús. Cada sábado, Pablo predicaba a judíos y griegos en la sinagoga. Priscila y Aquila viajaron a Siria con Pablo. Después de regresar a Grecia, recibieron en su casa a un nuevo converso, Apolo. Tenía una buena educación y se dedicaba a predicar la buena nueva de Jesús. Sin embargo, nunca había oído hablar del bautismo de Jesús, solo del de Juan. Priscila y Aquila le enseñaron sobre el bautismo de Jesús para que lo incluyera en su predicación.

Pablo se refirió a Priscila y Aquila como «mis compañeros de trabajo en Cristo Jesús» que «arriesgaron sus vidas por mí. Tanto yo como todas las iglesias de los gentiles les estamos agradecidos» (Romanos 16.3–4).

UNA COSA MÁS

Los primeros cristianos eran a menudo perseguidos por su fe. Para identificarse con otros seguidores de Jesús sin exponerse, usaban símbolos para presentarse como cristianos. Uno de ellos era el pez. La palabra griega para pez, *ikhthus*, se escribe con cinco letras en el idioma original. Cada letra representa una palabra griega que describe a Jesús: Jesús, Cristo, Dios, Hijo, Salvador. Mosaico del siglo IV con las letras griegas del ikhthus.

¿Lo sabías?

Muchos de los primeros misioneros cristianos tuvieron que trabajar fabricando tiendas para ganarse la vida. Los fabricantes de tiendas no eran necesariamente personas que hacían tiendas, también podían ser artesanos y trabajadores manuales cualificados. Los que tenían el mismo oficio a menudo vivían en barrios donde podían trabajar juntos en su oficio. Los judíos vivían separados en sus propias secciones de la ciudad.

¡UNA PISTA!

¿Cómo llamó Pablo a los primeros cristianos y cómo les dijo que se saludaran entre ellos?

– Lee: 1 Corintios 16.20 –

«Todos los hermanos les mandan saludos. Salúdense unos a otros con un beso santo».

PALABRA(S) CLAVE

Priscila y Aquila son conocidos como dos de los primeros misioneros cristianos, y la primera pareja de misioneros. La palabra griega *apostello* significa «enviar», y es también la palabra de la que procede «apóstol». En latín, *mitto* significa «enviar», y es la raíz de la palabra «misionero», una persona que es enviada a dar un mensaje concreto.

JUAN Y SU APOCALIPSIS

Al apóstol Juan, uno de los doce discípulos originales de Jesús, se le atribuye la autoría del libro de Apocalipsis. Algunos creen que este mismo Juan escribió el Evangelio de Juan y los libros de 1, 2 y 3 Juan. Pero no todos los estudiosos de la Biblia piensan que es el mismo Juan que da nombre a ese Evangelio. Si este era el mismo Juan, era uno de los dos hermanos, junto con Jacobo, a quien Jesús apodó «los hijos del trueno». Eran los hijos de Zebedeo, un próspero pescador de Capernaúm. Leemos que el contenido de Apocalipsis le llegó a Juan en una visión. Apocalipsis es el único libro de este tipo en el Nuevo Testamento. Está lleno de símbolos e imágenes que a menudo son aterradores y violentos. En Apocalipsis, el fin de los tiempos se describe como el reino de Dios donde «(Dios) les enjugará toda lágrima de los ojos. Ya no habrá muerte, ni llanto, ni lamento ni dolor, porque las primeras cosas han dejado de existir» (Apocalipsis 21.4).

UNA COSA MÁS

En Apocalipsis, Juan habla de siete iglesias del mundo antiguo: Éfeso, Esmirna, Pérgamo, Tiatira, Sardis, Filadelfia y Laodicea.

¡UNA PISTA!

¿Cómo se llama Jesús en Apocalipsis?

– Lee: Apocalipsis 21.6 –

«Yo soy el Alfa y el Omega, el Principio y el Fin».

▲ *Éfeso y el Gran Teatro. La tradición de la iglesia indica que Juan murió en Éfeso alrededor del año 100 A.D.*

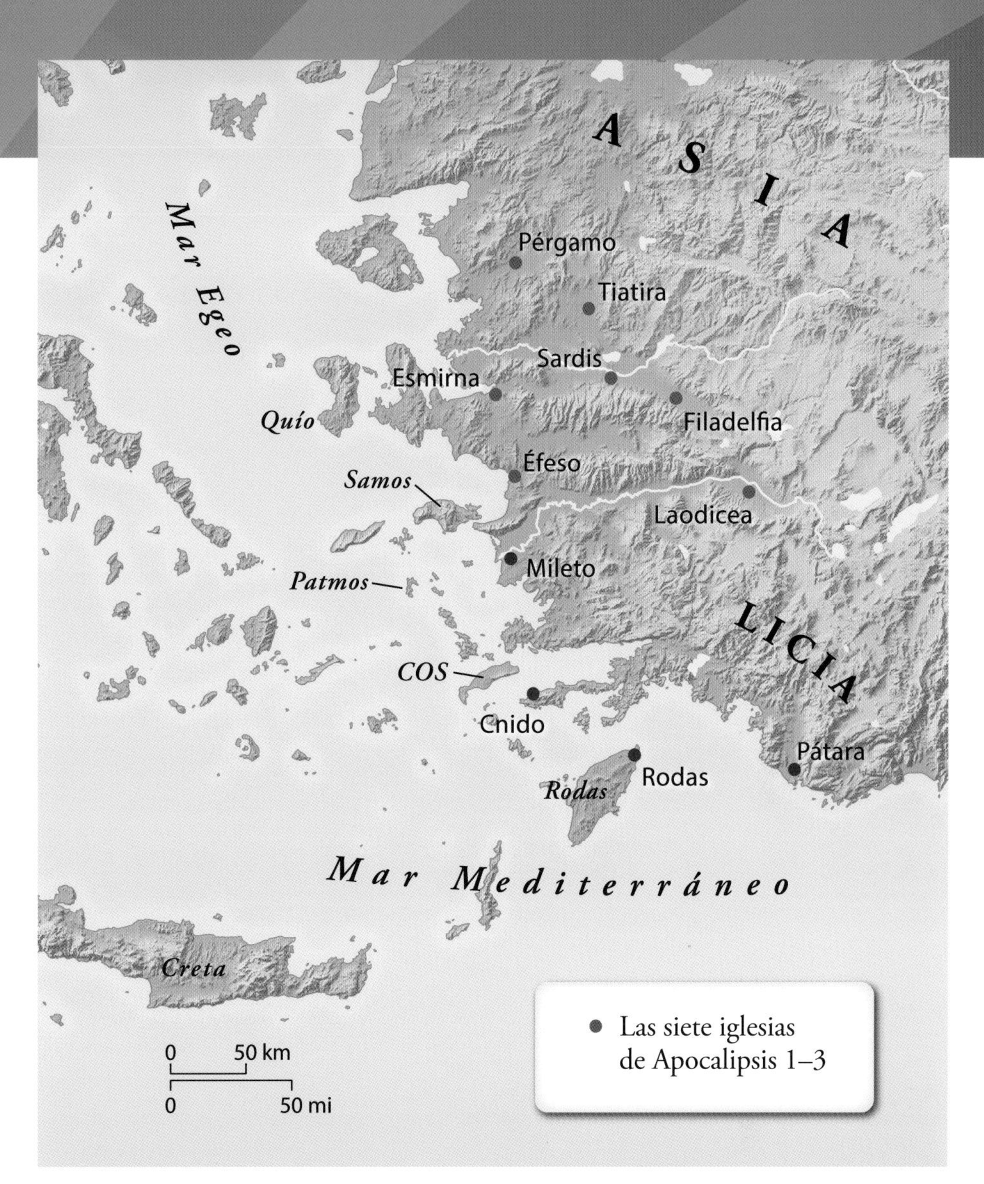

PALABRA(S) CLAVE

Apocalipsis también se conoce como «El Apocalipsis de Juan». *Apocalipsis* en griego significa, «revelación». En los tiempos modernos, se usa para referirse al tiempo del fin. Los textos apocalípticos de la Biblia animan a los creyentes en unos tiempos difíciles y aterradores.

¿Lo sabías?

Se cree que Juan escribió Apocalipsis cuando vivía exiliado en la isla de Patmos, en el mar Egeo. Probablemente lo desterraron los romanos por su fe cristiana. Un prisionero tenía menos probabilidades de escapar de una isla que de una prisión en el continente.

CRÉDITOS DE IMÁGENES

El mundo antiguo

Mapa	Mapa por International Mapping. Copyright © por Zondervan. Todos los derechos reservados.
Zigurat	Wikimedia Commons
Nasiriyah moderna	Maya Alleruzzo/AP/Shutterstock
Estandarte de Ur	Wikimedia Commons
La tierra, Edad de Bronce	PhotoDisc

Adán y Eva

Adán y Eva en el Paraíso Terrenal	Wenzel Peter. Dominio público.
Granadas	© Valentyn Volkov/Shutterstock
Creación de Eva	© Gianni Dagli Orti/Shutterstock
Creación de Adán	British Library, Catálogo de manuscritos iluminados
Manzana de Adán	Bernd Schmidt/123RF.com

Caín y Abel (y el otro hermano)

Caín y Abel	Wikimedia Commons
Caín en el desierto	Sweet Publishing/FreeBibleimages.org, CC BY-SA 3.0
Perro de Canaán	Todd Bolen/LugaresBíblicos.com
Adán y Eva llorando a Abel	Wikimedia Commons
Construcción de Enoc	iStock/Getty Images Plus

Noé

Recreación del arca	© TTStock/Shutterstock
Arcoíris completo	© Sanchai Loongroong/123RF.com
Animales entrando al arca	Wikimedia Commons
Paloma	© Epitavi/Shutterstock
Epopeya de Gilgamesh	© 2013 por Zondervan

Abraham y Sara

Mapa	Mapa por International Mapping. Copyright © por Zondervan. Todos los derechos reservados.
Siquén	© Joshua Raif/Shutterstock
Estatua de Abraham	© Renata Sedmakova/Shutterstock
Abraham a punto de sacrificar a Isaac	Planet Art

Jacob y Esaú

Isaac bendiciendo a Jacob	Wikimedia Commons
Tienda beduina y animales	© 1993 por Zondervan
Gemelos	Veronika Galkina/123RF.com
Guiso de lentejas	© Ramon Grosso Dolarea/123RF.com
Mapa	Mapa por International Mapping. Copyright © por Zondervan. Todos los derechos reservados.

Egipto

Mapa	Mapa por International Mapping. Copyright © por Zondervan. Todos los derechos reservados.
Nilo	© Pecold/Shutterstock
Pirámide de Djoser	© Vladimir Korostyshevskiy/Shutterstock
Pirámides de Guiza	© sculpies/Shutterstock
Máscara de Tutankamón	© 1995 by Phoenix Data Systems
Relieve de jeroglíficos	© powerofforever/istock.com

José (y sus hermanos)

José y su túnica	© 1993 por Zondervan
Gavilla de grano	PhotoDisc: Siede Preis
José, como funcionario egipcio	© Historia/Shutterstock
Tumba de los Patriarcas	© David Rabkin/Shutterstock

Moisés

Moisés	Wikimedia Commons
Tablillas de piedra	© jsp/Shutterstock
Mapa	Mapa por International Mapping. Copyright © por Zondervan. Todos los derechos reservados.
Tumba de José en Siquén	Todd Bolen/LugaresBíblicos.com
Moisés y la zarza ardiente	The Metropolitan Museum of Art, CC0 1.0

Aarón y Miriam

Sumo sacerdote	© 1993 por Zondervan
Miriam dirigiendo a las mujeres en su canto	El cántico de Miriam, Solomon, Simeon/Colección privada/Photo © Christie's Images/Bridgeman Images
Chivo expiatorio	Dominio público
Aarón arrojando su vara	Wikimedia Commons
Becerro de oro	A. D. Riddle/LugaresBíblicos.com, tomada en el Museo de Israel

Josué y Rajab

Recreación de Jericó	Balage Balogh, archaeologyillustrated.com
Rajab oculta a los espías	Sweet Publishing/FreeBibleimages.org, CC BY-SA 3.0
Josué dirige al pueblo en su victoria sobre Jericó	© Gianni Dagli Orti/Shutterstock
Cordón escarlata	Phanuwat Nandee/123RF.com
Shofar	© stellalevi/istock.com

Israel

Mapa	Mapa por International Mapping. Copyright © por Zondervan. Todos los derechos reservados.
Granjas israelíes	© 2015 por Zondervan
Flotando en el mar Muerto	© cunaplus/Shutterstock
Golfo de Eilat	© frantisekhojdysz/Shutterstock
Fragmento de pergamino	Todd Bolen/LugaresBíblicos.com, tomada en el Museo Arqueológico de Ammán
Belén	Bill Schlegel/LugaresBíblicos.com

Débora y Gedeón

Gedeón y su ejército	© Historia/Shutterstock
Débora bajo la palmera	Sweet Publishing/FreeBibleimages.org, CC BY-SA 3.0
Vestimenta sacerdotal	© 1993 por Zondervan
Era	www.HolyLandPhotos.org
Lagar	Mindy McKinny/LugaresBíblicos.com
Débora elogia a Jael	Wikimedia Commons

Sansón y Dalila

Sansón empujando los pilares del templo	Sansón, Howat, Andrew/Colección privada/© Look and Learn/Bridgeman Images
Sansón con cabellos largos	Planet Art
Barco filisteo	Todd Bolen/LugaresBíblicos.com
Sansón con la quijada	Wikimedia Commons
Montón de plata	Todd Bolen/LugaresBíblicos.com, tomada en el Museo de Israel

Rut y Noemí

Mapa	Mapa por International Mapping. Copyright © por Zondervan. Todos los derechos reservados.
Cebada	© Lisa S./Shutterstock
Belén	Bill Schlegel/LugaresBíblicos.com
Sandalia	Wikimedia Commons
Genealogía de Isaí ilustrada	© 2012 por Zondervan

Ana y Samuel

Ana le ofrece su hijo a Elí en el templo	Wikimedia Commons
Estatuilla de un músico tocando la pandereta	A. D. Riddle/LugaresBíblicos.com, tomada en el Michael C. Carlos Museum
Samuel en el templo, oyendo la voz de Dios	© Historia/Shutterstock
Samuel como profeta	© Historia/Shutterstock
Mujer con muchos hijos	PhotoDisc

El rey Saúl

Saúl, ungido por Samuel	© Historia/Shutterstock
Burros	© Sergei25/Shutterstock

Cuerno usado para ungir	Z. Radovan/BibleLandPictures.com
Jonatán y David	© Historia/Shutterstock
Saúl y la adivina de Endor	Wikimedia Commons
Espada	A. D. Riddle/LugaresBíblicos.com, tomada en el Museo de Israel

David

David como rey	Wikimedia Commons
David danzando	Sweet Publishing/FreeBibleimages.org, CC BY-SA 3.0
David y Goliat	Dominio público
Casco	A. D. Riddle/LugaresBíblicos.com, tomada en el Museo Británico
Lira	Todd Bolen/LugaresBíblicos.com, tomada en el Museo Arqueológico de Atenas

Salomón (y la reina de Sabá)

Rey Salomón	Wikimedia Commons
Templo construido por Salomón	© 2011 por Zondervan
Ídolo	© 2008 por Zondervan
Plato con Shalom	© Cherdchai Chaivimol/Shutterstock
La reina de Sabá visita a Salomón	Wikimedia Commons
Manuscrito iluminado	British Library, Catálogo de manuscritos iluminados

Elías y Eliseo

Elías y Eliseo	Wikimedia Commons
Familia judía comiendo	© ChameleonsEye/Shutterstock
Baal	Wikimedia Commons
Elías arrebatado en un torbellino	Wikimedia Commons
Cuervo	Eric Isselee/123RF.com

Los niños reyes: Joás y Josías

Presentación de Joás al pueblo	© Historia/Shutterstock
Restauración del templo	Reconstrucción del templo por el rey Joás, 1602, Moller, Anton (el Viejo) (c.1563-1611)/Muzeum Narodowe, Gdansk, Polonia/Bridgeman Images
Pergamino	Inmagine
Joyadá enseñando a Joás	Review & Herald Publishing/Goodsalt
Reliquia del faraón Necao	A. D. Riddle/LugaresBíblicos.com, tomada en el Metropolitan Museum of Art

Mesopotamia, Asiria, Babilonia, Persia

Éufrates	© silver-john/Shutterstock
Mapa del Imperio asirio	Mapa por International Mapping. Copyright © por Zondervan. Todos los derechos reservados.
Mapa del Imperio babilónico	Mapa por International Mapping. Copyright © por Zondervan. Todos los derechos reservados.
Jardines Colgantes	© Historia/Shutterstock
Tumba de Ciro el Grande	© Ugurhan Betin/istock.com

La reina Ester

Ester, Amán y el rey	Wikimedia Commons
Persépolis	© Wojtek Chmielewski/Shutterstock
Mirto	Todd Bolen/LugaresBíblicos.com
Artículos de belleza	© Sofiaworld/Shutterstock
Rollo de Ester	Z. Radovan/BibleLandPictures.com

Los profetas mayores

Isaías	Jörg Bittner Unna/Wikimedia Commons, CC BY 3.0
Jeremías, Ezequiel, Daniel	sedmak/123RF.com
Juan el Bautista bautiza a Jesús	© Adam Jan Figel/Shutterstock
Rollo	© 1993 por Zondervan
Cautivos judíos	© 2013 por Zondervan

Daniel

Daniel en el foso de los leones	Wikimedia Commons
Verduras	serezniy/123RF.com
Historia de la escritura en la pared	Wikimedia Commons
Daniel ante el rey	Sweet Publishing/FreeBibleimages.org, CC BY-SA 3.0
Horno ardiente	Planet Art

Jonás

Jonás y el pez	Wikimedia Commons
Recreación de Nínive	Balage Balogh, archaeologyillustrated.com
Suertes	Chris McKinney/LugaresBíblicos.com, tomada en el Hecht Museum
Jonás sentado bajo una planta	Daderot/Wikimedia Commons, CC0 1.0
Varones judíos orando	© Mark Lennihan/AP/Shutterstock

Los profetas menores

Manuscrito iluminado	© Gianni Dagli Orti/Shutterstock
Viudas y huérfanos	Library of Congress, LC-DIG-ppmsca-02746/ www.LifeintheHolyLand.com
Escriba	© 1993 por Zondervan
Los sabios visitando a Jesús	Wikimedia Commons
Templo del Oráculo de Delfos	© elgreko/Shutterstock

El Imperio romano

Mapa	Mapa por International Mapping. Copyright © por Zondervan. Todos los derechos reservados.
Tributo del templo	A. D. Riddle/LugaresBíblicos.com, tomada en el Eretz Museo de Israel
Carpintero	© 2015 por Zondervan
Agricultor	© 1993 por Zondervan
Calzada romana	Wikimedia Commons
Monte del Templo	Wikimedia Commons

María y José

María y el niño	Planet Art
Hogar típico en Nazaret	© 2015 por Zondervan
La Anunciación	Planet Art
José como carpintero	Wikimedia Commons
Árbol genealógico de Jesús	© Historia/Shutterstock

Los primeros visitantes de Jesús

Presentación de Jesús en el templo	Wikimedia Commons
Pastor con rebaños	Craig Dunning/LugaresBíblicos.com
Caravana de camellos	© cdrin/Shutterstock
Natividad	Wikimedia Commons
Ángeles apareciéndose a los pastores	Wikimedia Commons

Herodes el Grande

Palacio de Herodes en Jerusalén	© 1995 por Phoenix Data Systems
Mapa	Mapa por International Mapping. Copyright © por Zondervan. Todos los derechos reservados.
Herodes el Grande	akg-images/Andrea Jemolo
Herodes hablando con los sabios	Los sabios y Herodes, iustración para 'La vida de Cristo', c.1886-94, Tissot, James Jacques Joseph (1836-1902)/ Brooklyn Museum of Art, Nueva York, EUA/Bridgeman Images
Templo de Herodes	© 2016 por Zondervan

Juan el Bautista

Juan el Bautista	Planet Art
Bautismo	© Eunika Sopotnicka/Shutterstock
Unción	© 1993 por Zondervan
Langosta	© Protasov AN/Shutterstock
Miel	© DONOT6_STUDIO/Shutterstock
Salomé bailando ante Herodes	Wikimedia Commons

Jesús

Jesús de niño	Dominio público
Jesús entre los doctores de la ley	Jesús entre los doctores, ilustración para 'La vida de Cristo', c.1886-96, Tissot, James Jacques Joseph (1836-1902)/Brooklyn Museum of Art, Nueva York, EUA/Bridgeman Images
Monograma de Chi Rho	Wikimedia Commons
Desierto de Judea	Bill Schlegel/LugaresBíblicos.com
Muchos seguidores de Jesús	© Mary Evans/Shutterstock

Galilea

Jesús anda sobre el agua	© Gino Santa Maria/Shutterstock
Pesca en el mar de Galilea	Bill Schlegel/LugaresBíblicos.com
Recreación de una barca	© 2013 por Zondervan
Barca del mar de Galilea	Wikimedia Commons
Mosaico de Magdala	William D. Mounce
Vista aérea de Capernaúm	Bill Schlegel/LugaresBíblicos.com

Los doce discípulos

El llamamiento de Mateo	© Universal History Archive/Universal Images Group/ Shutterstock
Pedro y Juan en la tumba de Jesús	© Historia/Shutterstock
Rabino con discípulos	British Library, Catálogo de manuscritos iluminados
Simón y Andrés	The Metropolitan Museum of Art, CC0 1.0
Los discípulos orando (eligiendo nuevos discípulos)	La partida de los apóstoles, 1845, Gleyre, Charles (1806-74)/ Musee Girodet, Montargis, France/Bridgeman Images

Lázaro, María y Marta

Jesús con María y Marta	Wikimedia Commons
Lázaro	British Library, Catálogo of Illuminated Manuscripts
Tumba	Leen Ritmeyer, www.ritmeyer.com
Osario	www.HolyLandPhotos.org
Rabino actual	Bill Schlegel/LugaresBíblicos.com
Jesús llorando por Lázaro	Jesús lloró, ilustración para 'La vida de Cristo', c.1886-96, Tissot, James Jacques Joseph (1836-1902)/Brooklyn Museum of Art, New York, EUA/Bridgeman Images
Jesús y la hija de Jairo	Planet Art

Pedro

Llamamiento de Pedro y Andrés	Wikimedia Commons
Basílica de san Pedro	© 2015 por Zondervan
Iglesia en una roca	© Kanuman/Shutterstock
Pedro cortando la oreja	Wikimedia Commons
Manuscrito iluminado	Wikimedia Commons

Jerusalén

Jerusalén actual	© Radek Sturgolewski/Shutterstock
Muralla y puerta de la Ciudad Vieja	© Sopotnicki/Shutterstock
Muro Occidental	© 2015 por Zondervan
Cúpula de la roca en el monte del Templo	© ClimaxAP/Shutterstock
Huerto de Getsemaní	© Robert Hoetink/Shutterstock

Poncio Pilato

Jesús ante Pilato	Wikimedia Commons
Recaudador de impuestos	© Gianni Dagli Orti/Shutterstock
Crucifixión	© WELBURNSTUART/Shutterstock
Esposa de Pilato	LOC, LC-DIG-pga-01296
Inscripción de Pilato	Wikimedia Commons

Judas Iscariote

María Magdalena ungiendo los pies de Jesús	National Library of Wales/Wikimedia Commons, CC0 1.0
Monedas de plata	Todd Bolen/LugaresBíblicos.com, tomada en el Antalya Museum
Retrato de Judas	Wikimedia Commons
Judas besando a Jesús	Planet Art
La Última Cena	Wikimedia Commons

Saulo

Conversión de Pablo	The Metropolitan Museum of Art, CC0 1.0
Calzada romana	www.HolyLandPhotos.org
Lapidación de Esteban	Walters Art Museum/Wikimedia Commons, CC BY-SA 3.0
Pablo siendo bajado en la cesta	© 1993 por Zondervan
Especias	© Angel Simon/Shutterstock

Grecia y Macedonia antiguas

Via Egnatia	© TheBiblePeople/Shutterstock
La cárcel de Filipos	© 1995 by Phoenix Data Systems
Pablo predicando en Atenas	Wikimedia Commons
Reconstrucción de Atenas	Balage Balogh, www.archaeologyillustrated.com
Atenas actual	© Lambros Kazan/Shutterstock
Templo de Apolo en Corinto	© 2012 por Zondervan
Creta	© Vladimirs1984/Shutterstock

Pablo el misionero

Mapa	Mapa por International Mapping. Copyright © por Zondervan. Todos los derechos reservados.
Pablo predicando	Wikimedia Commons
Papiro de una epístola de Pablo	APIS, University of Michigan, P.Mich.inv. 6238; Recto, CC BY 3.0
Pablo en su viaje	S. Pablo, Uptton, Clive (1911-2006)/Colección privada/ © Look and Learn/Bridgeman Images
Esposas romanas	www.HolyLandPhotos.org

Priscila y Aquila

Priscila y Aquila	© 1993 por Zondervan
Útiles para trabajar el cuero	Z. Radovan/BibleLandPictures.com
Tienda	yeowatzup/Wikimedia Commons, CC BY 2.0
Cristianos saludándose con un beso	Thomas_EyeDesign/istock.com
Ichthys de los primeros cristianos	Todd Bolen/LugaresBíblicos.com

Juan y su Apocalipsis

Juan recibiendo su revelación	© Harper Collins Publishers/Shutterstock
Patmos	© Tom Jastram/Shutterstock
Escena de Apocalipsis	British Library, Catálogo de Manuscritos Iluminados
Alfa y Omega	© Zvonimir Atletic/Shutterstock
Mapa	Mapa por International Mapping. Copyright © por Zondervan. Todos los derechos reservados.
Éfeso	Todd Bolen/LugaresBíblicos.com